国家社会科学基金项目"家族企业代际传承对国际化的影响机制研究"（19BGL077）
重庆高校创新团队建设计划资助项目"家族企业成长与区域经济发展"（CXTDX201601027）
重庆工商大学长江上游经济研究中心科研（智库）团队资助项目"长江上游地区创新创业
与区域经济发展"（CJSYTD201706）

U0515491

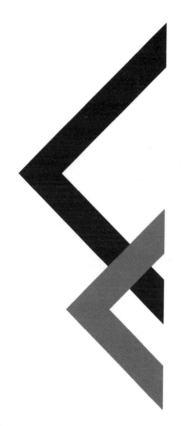

代际传承对家族企业国际化的影响机制研究

周立新 著

DAIJI CHUANCHENG
DUI JIAZU QIYE GUOJIHUA DE
YINGXIANG JIZHI YANJIU

中国财经出版传媒集团
经济科学出版社
Economic Science Press

图书在版编目（CIP）数据

代际传承对家族企业国际化的影响机制研究／周立
新著．--北京：经济科学出版社，2023.9
　ISBN 978 - 7 - 5218 - 4869 - 4

　Ⅰ.①代…　Ⅱ.①周…　Ⅲ.①家族 - 民营企业 - 企业
管理 - 研究 - 中国　Ⅳ.①F279.245

　中国国家版本馆 CIP 数据核字（2023）第 114825 号

责任编辑：周胜婷
责任校对：孙　晨
责任印制：张佳裕

代际传承对家族企业国际化的影响机制研究

周立新　著

经济科学出版社出版、发行　新华书店经销
社址：北京市海淀区阜成路甲 28 号　邮编：100142
总编部电话：010 - 88191217　发行部电话：010 - 88191522
网址：www.esp.com.cn
电子邮箱：esp@esp.com.cn
天猫网店：经济科学出版社旗舰店
网址：http://jjkxcbs.tmall.com
固安华明印业有限公司印装
710 × 1000　16 开　14 印张　220000 字
2023 年 9 月第 1 版　2023 年 9 月第 1 次印刷
ISBN 978 - 7 - 5218 - 4869 - 4　定价：85.00 元
（图书出现印装问题，本社负责调换。电话：010 - 88191545）
（版权所有　侵权必究　打击盗版　举报热线：010 - 88191661
QQ：2242791300　营销中心电话：010 - 88191537
电子邮箱：dbts@esp.com.cn）

前　　言

　　党的二十大报告首次明确提出要"促进民营经济发展壮大"。2023年3月6日习近平总书记参加全国政协会议民建、工商联界委员联组会，再次强调鼓励和支持民营经济和民营企业发展壮大。近年来，我国民营经济和民营企业取得了快速的发展，已经成为稳定市场的重要基础和经济健康发展的重要力量。但是，中国民营经济和民营企业也面临着传统产业与企业转型升级、高质量发展的挑战。当前超过80%的中国民营企业是家族企业。改革开放40多年以来，我国家族企业正在步入从创始一代向家族二代传承的高峰时期。理论与实践表明，国际化扩张是新兴经济体国家中的企业实现创新追赶、全球化经济背景下家族企业转型升级和持续成长的重要战略选择。在中国家族企业转型发展与代际传承高峰重叠的历史时期以及"一带一路"倡议实施等背景下，如何利用代际传承契机引导家族企业"走出去"，进而实现家族企业转型升级与持续成长，成为新时代中国民营经济和民营企业高质量发展中亟待解决的重大现实问题。

　　目前国内外学术界对家族企业代际传承与国际化关系问题的研究很少，并且聚焦于家族后代所有权与管理权涉入、家族涉入或传承代数对家族企业国际化倾向和国际化程度的直接影响，忽视了代际传承与国际化过程的复杂动态性特征及多维表现、代际传承驱动国际化的基本过程及具体情境。研究视角以资源与能力观、代理理论、管家理论和社会情感财富理论视角为主，基于中国独特制度情境的多视角整合研究很少。从研究方法来看，国外研究注重案例分析与计量分析相结合；国内研究以理论分析为主，近期国内出现了少量以上市家族企业为样本的计量分析，但大样本问卷调查与计量分析相结合的研究几近空白。

本书以我国家族企业为总体样本，通过文献研究、企业调查等手段，借助于理论分析、典型案例分析、统计与计量分析等分析方法，研究典型家族企业代际传承过程中的国际化战略选择、代际传承意愿对家族企业国际化的影响、家族二代所有权与管理权对家族企业国际化的影响、二代继任方式对家族企业国际化的影响、继承人社会资本对家族企业国际化的影响、代际传承家族企业国际化的治理对策等。

本书由8章构成，各章主要内容与基本观点如下：

第1章　导论。本章包括研究问题与意义、国内外相关研究的学术史梳理及研究动态、研究思路与问卷调查分析三个方面的内容。

第2章　家族企业国际化的基本特征及比较研究。本章研究发现：第一，家族企业国际化深度较小；同时，不同家族企业国际化深度差异较大。第二，家族企业国际化广度较小，近半数的家族企业在1~3个国家开展国际化经营活动；同时，不同家族企业国际化广度差异很大。第三，家族企业首次进入国际市场的速度较快，但是，家族企业进入国际市场之后的国际化速度较慢，大部分家族企业选择渐进式的国际化路径。第四，家族企业倾向于选择出口贸易、合同协议或在境外设立销售机构等不威胁其独立性的国际化经营模式，较少选择在境外新建合资企业、独资企业或跨国并购等威胁其独立性的国际化经营模式。第五，家族企业国际化绩效表现一般，而海外市场投资收益率表现更差。第六，不同代际传承阶段、家族二代所有权、家族二代管理权、继承人特征（性别、年龄、文化程度、MBA教育经历）、代际传承模式的家族企业国际化战略可能存在差异性。

第3章　家族企业代际传承过程中的国际化战略选择典型案例研究。本章对四川海特高新技术股份有限公司、宁波圣龙（集团）有限公司、新希望集团有限公司的典型案例分析发现：第一，与未发生代际传承的家族企业相比，进入代际传承阶段（二代参与管理/两代共治、二代接收管理/管理权转移、所有权/控制权转移阶段）的家族企业更倾向于选择国际化战略，同时，与两代共治阶段的家族企业相比，处于管理权转移阶段的家族企业更倾向于选择国际化战略。第二，家族二代管理权对家族企业国际化有积极作用。第三，采取渐进式传承模式的家族企业更倾向于选择国际化战略。第四，继承人的人力资本（教育背景、行业与企业工作经历）和社会资本对家族企业国际化有积极作用。

第4章　代际传承意愿对家族企业国际化的影响研究。本章研究认为：第一，家族所有权传承意愿（即仅意图传承家族所有权）对家族企业国际化深度、广度和速度具有显著的负向影响。第二，家族管理权传承意愿（即仅意图传承家族管理权）对家族企业国际化深度、广度和速度具有显著的正向影响。第三，家族所有权与管理权同时传承的意愿（即意图同时传承家族所有权与管理权）对家族企业国际化深度、广度和速度具有显著的正向影响。

第5章　家族二代所有权与管理权对家族企业国际化的影响研究。本章研究认为：第一，家族二代所有权对家族企业国际化深度、广度具有显著的U型影响，家族二代管理权对家族企业国际化深度、广度具有显著的正向影响。第二，代际权威、正式制度距离、非正式制度距离显著地削弱了家族二代所有权、家族二代管理权对家族企业国际化深度、广度的影响，即：创始人与二代继承人之间的代际权威差异越小，或者母国与东道国之间正式制度距离和非正式制度距离越小，家族二代所有权对国际化深度、广度的U型影响越明显，家族二代管理权对国际化深度、广度的正向影响越明显。第三，国际市场知识在家族二代所有权、家族二代管理权与家族企业国际化深度、广度之间起中介作用。

第6章　二代继任方式对家族企业国际化的影响研究。本章研究认为：第一，与激进式继任方式相比，采取渐进式继任方式的家族企业更倾向于选择深度地、广泛地和快速地进入国际市场。第二，代际权威、创始人社会身份、继承人年龄会显著地削弱渐进式继任方式对家族企业国际化深度、广度和速度的促进作用，即渐进式继任方式对家族企业国际化深度、广度和速度的促进作用在创始人与二代继承人之间的代际权威差异大、或创始人拥有社会身份、或继承人年龄大的家族企业更不明显。第三，国际化承诺在渐进式继任方式与家族企业国际化深度和广度之间发挥遮掩效应，即渐进式继任方式通过降低国际化承诺水平削弱其对家族企业国际化深度、广度的积极效应。

第7章　继承人社会资本对家族企业国际化的影响研究。本章研究认为：第一，继承人社会资本对家族企业国际化广度和速度具有显著促进作用。第二，家族二代所有权显著地强化了继承人社会资本对家族企业国际化广度的促进作用，即继承人社会资本对家族企业国际化广度的促进作用在家族二代所有权大的家族企业更明显。第三，继承人年龄显著地削弱了继承人社会资本对家族企业国际化广度、速度的促进作用，即继承人社会资本对家族企业国际化广度、速度的促进作用在继承人年龄较小的家族企业更明显。第四，相对于中西部地区，继承人社会资本对家族企业国际化广度、速度的促进作用在东部地区更明显。第五，东道国制度环境的改善显著地削弱了继承人社会资本对家族企业国际化广度、速度的促进作用，即继承人社会资本对家族企业国际化广度、速度的促进作用在东道国制度环境差的家族企业更明显。此外，继承人性别差异影响家族企业国际化战略决策，相比于男性继承人，家族企业的女性继承人更不倾向于选择广泛进入国际市场的国际化战略。

第8章　代际传承家族企业国际化的治理对策研究。本章从内部治理和外部治理两方面提出了相关对策。第一，代际传承家族企业国际化的内部治理对策。主要包括：合理选择与代际传承阶段相匹配的继承人培养模式；选择合适的家族企业代际传承模式；谨慎推进家族所有权（财富）传承、重视家族管理权（事业）传承；重视家族隐性知识和社会资本的代际传承。第二，代际传承家族企业国际化的外部治理对策。主要包括完善法治环境、完善市场环境、完善政务环境、完善资本市场环境、完善职业经理人市场环境、完善中介服务体系、完善社会文化环境。

本书特色与创新之处集中体现在以下七个方面：

第一，本书整合了资源与能力观、社会情感财富观、制度观和产业基础观等理论视角，从传承活动并结合过程观视角构建家族企业代际传承的多维度变量，主要包括代际传承意愿、传承阶段、传承对象、传承内容、传承模式和继承人特征，综合研究不同代际传承变量对家族企业国际化的影响及机制。成果拓展了家族企业代际传承与国际化关系研究新的视角，丰富和发展了家族企业国际化和代际传承理论体系。

第二，本书选择四川海特高新技术股份有限公司、宁波圣龙（集团）有限公司、新希望集团有限公司作为研究案例，关注案例企业的代际传承过程、国际化战略、代际传承过程中的国际化战略选择，重点从传承阶段、传承内容、传承模式和继承人特征四个方面研究家族企业代际传承对国际化的影响机制。成果丰富和发展了家族企业代际传承与国际化关系研究文献。

第三，本书从权力传承视角将家族企业主的代际传承意愿区分为家族所有权传承意愿、家族管理权传承意愿、家族所有权与家族管理权同时传承的意愿三种不同类型，研究三种不同类型的代际传承意愿对家族企业国际化的影响效应及其差异性。研究发现，代际传承意愿对家族企业国际化会产生积极和消极影响。成果弥补了目前国内外学术界倾向于将代际传承意愿作为一个整体概念来考察的研究缺陷，丰富和发展了代际传承意愿与家族企业国际化关系研究文献，也丰富了家族企业社会情感财富研究文献。

第四，本书结合国际化的资源观、社会情感财富理论和制度理论，实证研究家族二代所有权与管理权对家族企业国际化的影响；同时，引入代际权威、制度距离作为情境变量，以揭示家族二代所有权、家族二代管理权对家族企业国际化的作用边界或适用情境；此外，引入国际市场知识作为中介变量，以揭示家族二代所有权、家族二代管理权影响家族企业国际化的过程机制。成果弥补了前期文献侧重于讨论家族后代涉入对家族企业国际化直接影响的研究缺陷，拓展和丰富了家族企业代际传承与国际化关系研究文献。

第五，本书首次基于实证研究方法揭示不同二代继任方式对家族企业国际化的差异化影响；同时，引入代际权威、创始人社会身份和继承人年龄作为情境变量，以及国际化承诺作为中介变量，探讨二代继任方式对家族企业国际化的作用边界及过程机制。这一研究拓展了家族企业代际传承与国际化关系问题的研究视角。

第六，本书实证研究二代继承人社会资本对家族企业国际化的影响，以及家族二代所有权、继承人年龄、地域和东道国制度环境对二者关系的调节效应，以揭示二代继承人社会资本对家族企业国际化的作用边界或适用情境。成果拓展和丰富了家族企业代际传承与国际化关系研究文献，也丰富了家族社会资本与家族企业国际化关系研究文献。

第七，本书提出了代际传承家族企业国际化的内外部治理对策和具体实施办法。

本书是国家社会科学基金项目"家族企业代际传承对国际化的影响机制研究"（19BGL077）的最终研究成果，也是重庆高校创新团队建设计划资助项目"家族企业成长与区域经济发展"（CXTDX201601027）、重庆工商大学长江上游经济研究中心科研（智库）团队资助项目"长江上游地区创新创业与区域经济发展"（CJSYTD201706）的重要成果之一。本书的主要研究人员包括：周立新、段小梅、黄洁、郑月龙、杨良明、宋帅。本书得以顺利完成，凝结了课题组全体成员3年多的心血。我还要感谢绍兴文理学院商学院周鸿勇教授在问卷调查上给予的支持和帮助。我还要特别感谢经济科学出版社在本书编辑出版过程中给予的帮助。

本书是我们对中国家族企业代际传承与国际化关系问题的一个探索性研究成果，还有许多问题值得进一步深入研究。由于对具有国际业务且进入代际传承时期的家族企业进行问卷调查非常困难，以及笔者自身的研究水平和学识限制，本书还存在不足之处，敬请国内同行专家学者批评指正！

周立新
二〇二三年四月于重庆工商大学

目录

第1章

导　　论

1.1　研究问题与意义

　　2018 年 11 月 1 日，习近平总书记在民营企业座谈会上概括中国民营经济具有"五六七八九"的特征，即民营经济贡献了 50% 以上的税收、60% 以上的国内生产总值、70% 以上的技术创新成果、80% 以上的城镇劳动就业、90% 以上的企业数量，充分肯定了民营经济和民营企业在中国改革开放发展中的重要地位和作用①。党的二十大报告明确提出，要"促进民营经济发展壮大"。2023 年 3 月 6 日习近平总书记参加全国政协会议民建、工商联界委员联组会再次强调，鼓励和支持民营经济和民营企业发展壮大②。2023 年的《政府工作报告》提出，要切实落实"两个毫不动摇""依法保护民营企业产权和企业家权益，完善相关政策，鼓励支持民营经

---

① 习近平：在民营企业座谈会上的讲话 [EB/OL]. (2018 - 11 - 01) [2023 - 04 - 20]. http：//www. gov. cn/xinwen/2018 - 11/01/content_5336616. htm.

② 习近平在看望参加政协会议的民建工商联界委员时强调 正确引导民营经济健康发展高质量发展 [EB/OL]. (2023 - 03 - 06) [2023 - 04 - 20]. http：//www. cppcc. gov. cn/zxww/2023/03/06/ARTI1678113483444185. shtml.

济和民营企业发展壮大"。新时代中国民营经济和民营企业面临着传统产业与企业转型升级、高质量发展的挑战。中国民（私）营经济研究会家族企业研究课题组（2011）调查显示，我国超过80%的民营企业是家族企业。改革开放40余年孕育起来的中国家族企业正在步入从创始一代向家族二代传承的高峰时期。普华永道2018年发布的《全球家族企业调研——中国报告》显示，未来5～10年，中国将有超过300万民营企业面临换代问题，其中90%为家族式经营，目前50岁以上的民营企业家比例已经占到70%。理论与实践表明，国际化扩张是新兴经济体国家中的企业实现创新追赶、全球化经济背景下家族企业转型升级和持续成长的重要战略选择（Boermans & Roelfsema，2015；Alayo et al.，2019）。在中国家族企业转型发展与代际传承高峰重叠的历史时期以及"一带一路"倡议实施等背景下，如何利用代际传承契机引导家族企业"走出去"，进而实现家族企业转型升级与持续成长，成为新时代中国民营经济和民营企业高质量发展中亟待解决的重大现实问题。

本书的学术价值主要体现在：立足于不同类型家族企业在不同发展阶段和传承阶段的国际化现状，通过整合资源与能力观、社会情感财富观、制度观和产业基础观等理论视角，研究典型家族企业代际传承过程中的国际化战略选择、代际传承意愿对家族企业国际化的影响、家族二代所有权与管理权对家族企业国际化的影响、二代继任方式对家族企业国际化的影响、继承人社会资本对家族企业国际化的影响、代际传承家族企业国际化的治理对策等问题。成果将弥补目前国内学界在该领域系统性研究成果空白的缺陷，丰富和发展家族企业国际化和代际传承理论体系。

本书的应用价值主要体现在：第一，探索不同类型家族企业代际传承过程中的国际化战略选择，提炼其一般规律，可以为开展代际传承的家族企业国际化战略选择提供理论指导和操作模式；第二，研究代际传承家族企业国际化的治理对策和具体实施办法，可以为政府部门指导和推动家族企业国际化提供决策参考。

1.2 国内外相关研究的学术史梳理及研究动态

1.2.1 国外相关研究的学术史梳理及研究动态

1.2.1.1 家族企业国际化前因研究

国外学术界有关家族企业国际化前因研究最早可以追溯到加洛和斯文（Gallo & Sveen，1991）的工作。早期国外文献多讨论企业家或高管团队特质、财务资源、管理能力、国际化知识、战略目标、组织结构、组织文化、发展阶段和技术水平等因素的影响（Gallo & Sveen，1991；Gallo & Pont，1996；Davis & Harveston，2000），近年来日益聚焦于家族权力等家族涉入因素的影响（Pukall & Calabrò，2014），实证研究得出了正向关系（Zahra，2003；Carr & Bateman，2009）、负向关系（Fernández & Nieto，2005；Graves & Thomas，2006）、曲线关系（Sciascia et al.，2012）、不相关（Cerrato & Piva，2012）等不同结论，并指出家族涉入对家族企业国际化的影响主要通过资源与能力积累、代理与管家行为、关系/网络构建、社会情感财富保护等机制发挥作用（Pukall & Calabrò，2014），差异化的国家背景是不同研究差异性的重要原因（Arregle et al.，2017）。

家族企业代际传承是一个复杂动态的过程，涉及家庭、企业和所有权系统（Handler，1994），涵盖了角色、身份和权威结构等的变化。关于家族企业代际传承对国际化的影响，国外文献主要基于资源与能力观、代理理论、社会情感财富理论视角，聚焦于家族后代涉入对家族企业国际化的影响，且大多认为家族后代涉入对家族企业国际化有积极影响。加洛和庞特（Gallo & Pont，1996）是较早提出家族企业代际传承与国际化可能存在联系的学者，他们指出二代继承人比创始人具有更多的信息和更充分的准备，因此二代领导的家族企业比创始人领导的家族企业更倾向于从事国际化经营活动；费尔南德斯和涅托（Fernández & Nieto，2005）发现第二、三代中小家族企业比父辈领导的中小家族企业具有更大的出口倾向和出口强度；梅嫩德斯－雷克赫霍（Menendez-Requejo，2005）指出西班牙中小家族企业中后代支持家族企业国际化战略；卡西拉斯等（Casillas et al.，2010）发现家族后代更倾向于选择出口战略；梅里诺等（Merino et al.，2015）认为家族代数与家族企业出口倾向和出口强度显著正相关；卡拉布罗等（Calabrò et al.，2016）、克里斯蒂亚诺（Cristiano，2018）指出，由于家族后代更能容忍风险、更愿意接受新思想，因此家族后代参与对家族企业探索和利用国际机会有积极影响，进而促进家族企业国际化扩张；方汉青等（Fang et al.，2018）发现家族后代所有权对家族企业出口强度具有促进作用。然而，奥科罗阿福（Okoroafo，1999）、奥科罗阿福和柯（Okoroafo & Koh，2010）指出，如果家族企业在一代和二代没有涉足海外市场，那么在以后的几代也不太可能涉足海外市场；格拉韦斯和托马斯（Graves & Thomas，2008）认为由于家族后代 CEO 并不持有父辈在国际化方面的信念，因此家族后代管理权涉入对家族企业国际化具有负向影响。家族后代涉入对家族企业国际化影响的差异性可能是由于家族几代人之间的关系与目标冲突、愿景与价值观差异、知识与能力变化等造成的（Graves & Thomas，2008；Calabrò et al.，2016；De Massis et al.，2018；Shi et al.，2019）。继承人的愿景、能力等决定了家族企业国际化承诺水平（Graves & Thomas，2008；Calabrò et al.，2016），新一代领导人通过影响家族企业的全球战略定位、国际化动机和国际化承诺，进而影响家族企业国际化战略（Okoroafo，1999；Fernández & Nieto，2005；Fang et al.，2018）。差异化的制度环境会影响家族企业代际传承与国际化之间的关系（Arregle et al.，2017）。极少数国外文献还注意到家族企业传承模式对国际化的影响。史等（Shi et al.，2019）通过典型案例分析指出，在位者与继承人关系性质而不是传承事件本身影响家族企业国际化战略，其中，共演式（co-evolutionary）和激进式（revolutionary）传承模式导致继承人对家族企业国际化有强承诺态度和推进家族企业国际化的自主权，渐进式

（evolutionary）传承模式中继承人不太可能进一步推动家族企业国际化扩张。

1.2.1.2　家族企业代际传承影响研究

家族企业代际传承除了影响国际化战略决策之外，也会影响企业绩效/市场价值、创新、创业、多元化和战略变革，目前国外研究聚焦于家族企业代际传承对企业绩效/市场价值的影响。多数学者认为家族企业代际传承对企业绩效/市场价值具有负面影响（Bennedsen et al.，2007；Cucculelli & Micucci，2008；Xu et al.，2015），梅赫罗特拉等（Mehrotra et al.，2013）则指出，养子作为接班人的日本家族企业绩效更好。家族企业代际传承对创新具有正向影响（Zellwege et al.，2012；Carney et al.，2019）或负向影响（Cucculelli et al.，2016；Carney et al.，2019）。例如，卡尼等（Carney et al.，2019）发现传承后的家族企业会减少研发投资，但会产生更高水平的专利申请。库库莱利等（Cucculelli et al.，2016）指出后代家族企业不太可能在创新产出方面进行投资。代际传承是家族企业新的创业机会和驱动力（Nenadic，1993；Salvato，2004），目前学界关注家族企业代际传承对创业导向和组合创业的影响（Sciascia et al.，2012）。二代领导的家族企业比创始人领导的家族企业多元化程度更高（Muñoz-Bullon et al.，2018；Weng & Chi，2019）。代际传承是家族企业战略变革的关键时期（Cucculelli et al.，2016），不同传承模式对家族企业战略变革的影响不同（Miller et al.，2003）。

1.2.2　国内相关研究的学术史梳理及研究动态

1.2.2.1　家族企业国际化前因研究

国内学术界有关家族企业国际化前因研究始于苏启林和欧晓明（2003）的工作。早期国内学者主要基于制度观和产业基础观理论视角，采用理论分析或案例分析方法，探讨政治环境、政策环境、贸易壁垒和市场环境等因素的影响（苏启林和欧晓明，2003；张晓辉和周蔚，2006），也有学者关注家族控制的影响（杨建锋等，2008；杨学儒等，2008）。2014 年以来，少数国内学者开始采用计量分析方法研究家族权力和社会情感财富对家族企业国际化的影响。例如，梁晓雅等（Liang et al.，2014）发现家族所有权对家族企业国际化具有显著的 U 型影响，家族管理权涉入对家族企业国际化具有显著的倒 U 型影响；葛菲等（2015）指出随着组织下滑程度提高，家族企业比非家族企业更倾向于选择国际化战略；王增涛和薛丽玲（2018）认为家族权力对家族企业国际化具有消极影响，社会情感财富在二者之间起部分中介作用；杨志强和王毅婕（2018）发现家族所有权负向影响企业国际化倾向；徐炜等（2020）指出家族所有权和家族控制权对家族企业国际化具有显著负向影响；郑文全等（2022）发现家族所有权对企业国际化具有阻碍作用；周立新（2022）则认为家族法律所有权、家族心理所有权对家族企业国际化深度和国际化广度具有显著促进作用。

关于家族企业代际传承对国际化的影响，仅苏启林和欧晓明（2003）、周立新（2016）、梁强等（2016）、李艳双等（2018）、朱春飞（2018）、窦军生（Dou et al.，2019）等学者做过初步探索。苏启林和欧晓明（2003）指出二代比创始人更愿意也更有能力推进家族企业国际化进程；周立新（2016）认为家族代际传承意愿对家族企业国际化有促进作用；梁强等（2016）基于资源观和管家理论视角发现，家族成员担任 CEO 时，家族二代所有权继任对上市家族企业国际化具有 U 型影响，二代家族成员董事会参与率对家族企业国际化具有负向影响，二代家族成员管理层参与率对家族企业国际化具有正向影响；李艳双等（2018）基于社会情感财富理论视角指出，家族继任意愿对上市家族企业国际化具有积极作用；朱春飞（2018）强调二代国际化特质对推动家族企业国际化具有重要作用；窦军生等（Dou et al.，2019）发现多代参与管理和治理的家族企业比只有一代参与管理和治理的家族企业国际化程度更高。

1.2.2.2 家族企业代际传承影响研究

尽管国内学者很少关注家族企业代际传承对国际化的影响，但代际传承引发的企业战略变革、创业、创新、企业绩效/市场价值、投融资和多元化经营等问题则引起广泛关注，对本研究具有重要参考价值。

关于家族企业代际传承对战略变革的影响，相关研究认为一二代认知偏离（李新春等，2016）、价值观差异（郭超，2013；刘娇等，2017）、二代亲缘关系（赵鹏举和刘力钢，2023）、社会情感财富差异（黄婷等，2018）、继承人权力（吴炯和梁亚，2017）、传承人合法性（李新春等，2015；赵晶等，2015）等影响家族企业战略变革；家族企业启动传承程序将伴随着更高层次的战略变革（Zhao et al.，2020）；不同传承阶段的家族企业战略变革不同（赵晶等，2015；祝振铎等，2018），祝振铎等（2018）发现二代接班准备阶段会发生显著的战略变革，但二代接班上位后的家族企业战略变革明显放缓。

关于家族企业代际传承对创业的影响，王扬眉等（2021）认为客观环境和其他实体作为烙印源，通过烙印的框定、扩散和转化机制在下一代烙印创业图式，使继承人拥有寻求创业机会的动机，并进一步转化为创业实践；一代家族性资源为二代组合创业提供了资源（王扬眉和叶仕峰，2018）；跨代知识资源与价值观差异、二代继承的权威合法性影响家族企业组合创业（李新春等，2015，2016）；尚航标等（2022）发现女承父业对家族企业的组合创业有显著的正向影响，女性继任者社会教育经历的制度差异会强化女承父业对家族企业组合创业的积极作用，父辈社会网络关系、董事会稳定性会削弱女承父业对家族企业组合创业的积极作用。

关于家族企业代际传承对创新的影响，黄海杰等（2018）指出二代涉入可以增加家族企业的创新活动，当二代具有海外背景及外部监管较差时这种影响更加显著；家族企业代际传承会降低创新水平（赵晶和孟维烜，2016；严若森和杜帅，2018；程晨，2018）；不同传承阶段的家族企业创新不同（赵勇和李新春，2018；祝振铎等，2021），赵勇和李新春（2018）发现相较于父子共治阶段，二代自治阶段更有利于研发投入的提升，控制目标的实现放大了这种差异，而经济目标的实现则抑制了这种差异；陈灿君和许长新（2022）指出二代与家族高管成员存在的认知差异对创新投入具有促进作用，与非家族高管成员的认知差异抑制了创新投入；二代所有权能够加剧二代与家族高管成员认知差异对于创新的促进作用，弱化二代与非家族高管成员认知差异对于创新的抑制作用。

关于家族企业代际传承对企业绩效的影响，汪祥耀和金一禾（2015）指出，二代参与管理、一二代共同管理会提升家族企业绩效；范作冰和王婷（2018）发现继承人接收管理会降低家族企业绩效；罗进辉等（2022）认为代际传承会损害家族企业的长期市场价值。罗进辉和彭晨宸（2023）发现相比女性二代继承人继任的家族企业，男性二代继承人继任的家族企业具有显著更高的经营绩效。

关于家族企业代际传承对投融资的影响，严若森和赵亚莉（2022）指出二代涉入会提高家族企业投资效率，该影响在父辈家族主义观念较浓厚、二代能力禀赋较强的家族企业更为显著；处于二代参与管理阶段和接收管理阶段的家族企业的投资效率更高。吴思锐和龚光明（2021）发现，在共同管理阶段，代际传承对家族企业获取商业信用融资有显著的负向影响，该影响在二代继任者是非独生子女的家族企业中更为明显；在接收管理阶段，代际传承对家族企业获取商业信用融资有显著的正向影响，该影响在二代继任者具有海外经历的家族企业中更为明显。

关于家族企业代际传承对多元化经营的影响，罗进辉等（2022）发现进入代际传承的家族企业更倾向于进行多元化经营，该影响在创始人的子女数量越多或二代继承人为男性的家族企业更明显。

1.2.3　研究现状述评

（1）目前国内外学术界对家族企业代际传承与国际化关系问题的研究

很少（Shi et al.，2019），并且聚焦于家族后代所有权与管理权涉入、家族涉入或传承代数对家族企业国际化倾向（是否国际化）和国际化程度的直接影响，忽视了家族企业代际传承与国际化过程的复杂动态性特征及多维表现、家族企业代际传承驱动国际化的基本过程及具体情境（Shi et al.，2019）。

（2）研究视角以资源与能力观、代理理论、管家理论和社会情感财富理论视角为主，基于中国独特制度情境的多视角整合研究很少。

（3）在研究方法上，国外研究注重案例分析与计量分析相结合，国内研究以理论分析为主。近期国内出现了少量以上市家族企业为样本的计量分析，但大样本问卷调查与计量分析相结合的实证研究几近空白。

（4）近年来，家族企业代际传承对战略变革、创业和创新影响等研究成果逐渐增加，对本研究具有重要参考价值。

1.3 研究思路与问卷调查分析

1.3.1 研究思路

在家族企业代际传承、家族企业国际化理论等理论基础上，本书以中国家族企业为总体样本，通过文献研究、企业调查等手段，借助于理论分析、典型案例分析、统计与计量分析等分析方法，研究典型家族企业代际传承过程中的国际化战略选择、代际传承意愿对家族企业国际化的影响、家族二代所有权与管理权对家族企业国际化的影响、二代继任方式对家族企业国际化的影响、继承人社会资本对家族企业国际化的影响、代际传承家族企业国际化的治理对策等问题。本书的研究思路及框架见图1.1。

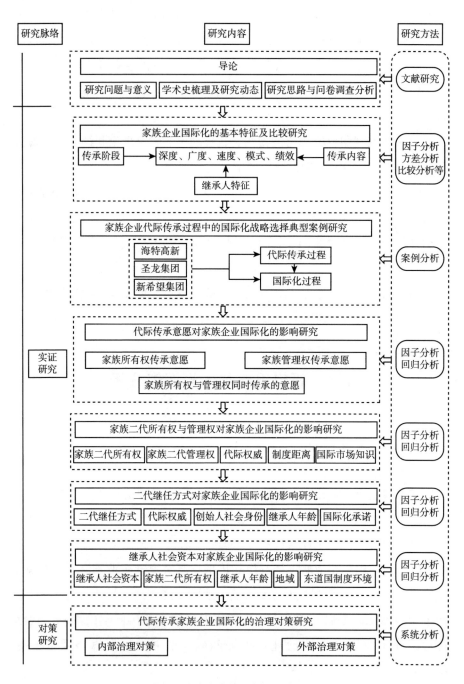

图 1.1　本书的研究思路及框架

1.3.2　研究方法

1.3.2.1　文献研究

本书通过图书馆、网络等查阅梳理国内外家族企业国际化和家族企业代际传承等文献，包括 200 余篇英文文献，200 余篇（部）中文文献，展开家族企业代际传承与国际化关系的理论研究，挖掘家族企业代际传承对国际化的影响机制，初步构建本研究的理论框架。

1.3.2.2　深度访谈与案例分析

课题组在重庆选择 15 家典型家族企业进行访谈与案例分析，从而设计企业调查问卷；同时，选择已完成代际传承或已进入代际传承的典型家族企业——四川海特高新技术股份有限公司、宁波圣龙（集团）有限公司、新希望集团有限公司，研究典型家族企业代际传承过程中的国际化战略选择。

1.3.2.3　问卷调查

问卷调查内容主要涉及三个方面的问题：第一，家族企业代际传承情况，包括传承意愿、传承阶段、传承对象、传承内容、传承模式、继承人特征等；第二，家族企业国际化情况，包括国际化深度、国际化广度、国际化速度、国际化经营模式与路径、国际环境感知等；第三，家族企业基本情况及成长现状。课题组还确定了样本家族企业的选择标准：第一，民营企业必须是由某一核心家族所有或控制的企业；第二，民营企业在除中国外至少一个市场开展业务活动，即民营企业具有出口贸易、境外投资等国际业务。

问卷调查共分三个阶段进行。第一阶段，在文献研究的基础上，2020 年 6 ~ 7 月，课题组在重庆选择了 15 家家族企业进行访谈，在文献研究与实地调研的基础上，设计了第一版企业调查问卷；第二阶段，2020 年 7 月，在重庆选择了 80 家民营企业进行问卷的试发放和预调查，通过对小样本调查结果的探索性因子分析，同时进行信度与效度检验，对问卷中的部分项目进行了调整，设计了第二版（正式）企业调查问卷；第三阶段，2020 年 8 ~ 11 月，以重庆、浙江、山东、上海、江苏、广东、江西 7 个省市民营企业为主要调查对象，共发放调查问卷 400 份，回收调查问卷 349 份，回收率为 87.25%。回收情况较为理想，符合社会调查的基本要求。需要指出的是以上 7 个省市代表了中国民营经济相对发达和不发达地区，能够反映中国民营经济发展的基本情况。同时，我们的调查对企业规模、企业年份、行业等没有具体要求，从而保证了样本的代表性。受调查期间新冠疫情的影响，问卷调查主要采取了课题组现场发放问卷、电子邮件发放问卷两种方式，以现场发放问卷为主，尤其是重庆市的问卷调查，采用了现场发放问卷的方式。首先，通过市区县政府主管部门协调联系本地区主要的工业园区管委会，由工业园区管委会筛选出本园区具有国际业务（出口、境外投资等）的民营企业；然后，课题负责人带领团队成员在园区管委会相关人员的陪同下前往所调查的民营企业，现场发放并回收调查问卷。问卷的填写者主要为民营企业的董事长/总经理、海外业务负责人、行政负责人或财务负责人。

1.3.2.4 统计与计量分析

运用描述性统计分析方法（独立样本的 T 检验、单因素方差分析），展开家族企业国际化的基本特征及比较研究；运用因子分析、多元回归分析等分析方法，研究代际传承意愿、家族二代所有权与管理权、二代继任方式、继承人社会资本对家族企业国际化的影响。

1.3.3 问卷调查分析

对家族企业样本的筛选，本书采用了家族持股比例≥50% 的标准［中国民（私）营经济研究会家族企业研究课题组，2011］，剔除数据严重缺失、异常值的调查问卷后，共筛选出有效问卷即家族企业问卷 289 份。在这289份家族企业问卷中，已经完成代际传承或已经进入代际传承时期的家族企业问卷有118份，具有国际业务（出口、境外投资等）的家族企业问卷有253份，进入代际传承时期且具有国际业务的家族企业问卷有110份。本书后面的实证研究主要利用253份样本家族企业的问卷调查数据，因此本章重点对253份具有国际业务的样本家族企业基本特征进行分析。

1.3.3.1 企业经营所在地

表1.1显示，重庆样本企业有140家，占样本企业总量的55.3%，主要分布在江津、永川、渝北、壁山、江北、巴南、大渡口、合川、南岸、石柱、九龙坡、沙坪坝、渝中、万州、铜梁、长寿等地；浙江样本企业有85家，占样本企业总量的33.6%，主要分布在绍兴、杭州、宁波、诸暨、义乌、丽水、金华、温岭、象山、温州、嘉兴等地；山东样本企业有9家，占样本企业总量的3.6%，主要分布在烟台、青岛；上海样本企业有7家，占样本企业总量的2.8%，主要分布在奉贤、闵行、虹口、普陀等地；江苏样本企业有6家，占样本企业总量的2.4%，主要分布在太仓、吴中、苏州、射阳；广东样本企业有3家，占样本企业总量的1.2%，主要分布在广州、深圳；江西样本企业有3家，占样本企业总量的1.2%，主要分布在宜春。

表1.1　　　　　　　　　企业经营所在地分类分析

地区	企业数（家）	比重（%）
重庆	140	55.3
浙江	85	33.6
山东	9	3.6
上海	7	2.8
江苏	6	2.4
广东	3	1.2
江西	3	1.2
合计	253	100

注：表中比重合计数与各分比重和不等，是计算中四舍五入误差造成的。

1.3.3.2 行业分布

表1.2显示，制造业样本企业有198家，占样本企业总量的78.3%；批发零售业样本企业有17家，占样本企业总量的6.7%；建筑业样本企业有8家，占样本企业总量的3.2%；信息服务业样本企业有8家，占样本企业总量的3.2%；农林牧渔业样本企业有4家，占样本企业总量的1.6%；采矿业、交通运输业、住宿餐饮业样本企业各有2家，各占样本企业总量的0.8%；其他行业样本企业有12家，占样本企业总量的4.7%。

表1.2 行业分布分类分析

行业	企业数（家）	比重（%）
制造业	198	78.3
批发零售业	17	6.7
建筑业	8	3.2
信息服务业	8	3.2
农林牧渔业	4	1.6
采矿业	2	0.8
交通运输业	2	0.8
住宿餐饮业	2	0.8
其他	12	4.7
合计	253	100

注：表中比重合计数与各分比重和不等，是计算中四舍五入误差造成的。

1.3.3.3 企业规模

企业规模采用2019年底的企业资产总额和企业员工人数来测量。为了获得企业规模的具体数据，本研究采取了由问卷回答者直接填写的方式。

表1.3显示，样本企业的平均资产规模为45897.8661万元，但最大资产规模达到2656388.513万元，最小资产规模仅为20.0万元，不同样本企业之间的资产规模差异较大；样本企业平均员工规模为619.2人，但

最大员工规模达到 23475 人，最小员工规模仅为 3 人，不同样本企业之间的员工规模差异较大。

表 1.3　　　　　　　　　**企业规模统计值**

变量	资产总额（万元）	员工人数（人）
均值	45897.8661	619.2
标准差	194470.8942	1991.6
最大值	2656388.513	23475.0
最小值	20.0	3.0

注：样本量 N = 253。

表 1.4 显示，企业资产总额在 1000 万元以下的样本企业有 35 家，占样本企业总量的 13.8%；企业资产总额在 1001 万~3000 万元的样本企业有 37 家，占样本企业总量的 14.6%；企业资产总额在 3001 万~5000 万元的样本企业有 30 家，占样本企业总量的 11.9%；企业资产总额在 5001 万~10000 万元的样本企业有 51 家，占样本企业总量的 20.2%；企业资产总额在 10001 万元以上的样本企业有 100 家，占样本企业总量的 39.5%。

表 1.4　　　　　　　　　**企业规模按资产总额分类分析**

资产总额（万元）	企业数（家）	比重（%）
1000 以下	35	13.8
1001~3000	37	14.6
3001~5000	30	11.9
5001~10000	51	20.2
10001 以上	100	39.5
合计	253	100.0

表 1.5 显示，企业员工人数在 50 人以下的样本企业有 70 家，占样本企业总量的 27.7%；企业员工人数在 51~200 人的样本企业有 87 家，占样本企业总量的 34.4%；企业员工人数在 201~300 人的样本企业有 20 家，占样本企业总量的 7.9%；企业员工人数在 301 人以上的样本企业有 76 家，占样本企业总量的 30.0%。

表 1.5 企业规模按员工人数分类分析

员工人数（人）	企业数（家）	比重（%）
50 以下	70	27.7
51～200	87	34.4
201～300	20	7.9
301 以上	76	30.0
合计	253	100.0

1.3.3.4 企业年限

企业年限采用企业创建至 2019 年之间的时间长度来测量。为了获得企业年限的具体数据，本研究采取了由问卷回答者直接填写的方式。

表 1.6 显示，样本企业的平均年限为 13.42 年，其中，最长企业年限达到 43 年，最短企业年限仅为 1 年。从分类统计来看（见表 1.7），企业年限在 5 年以下的样本企业有 30 家，占样本企业总量的 11.9%；企业年限在 6～10 年的样本企业有 76 家，占样本企业总量的 30.0%；企业年限在 11～19 年的样本企业有 97 家，占样本企业总量的 38.3%；企业年限在 20 年以上的样本企业有 50 家，占样本企业总量的 19.8%。

表 1.6 企业年限统计值

变量	均值	标准差	最大值	最小值
企业年限（年）	13.42	7.69	43	1

注：样本量 N=253。

表 1.7 企业年限分类分析

企业年限（年）	企业数（家）	比重（%）
5 以下	30	11.9
6～10	76	30.0
11～19	97	38.3
20 以上	50	19.8
合计	253	100.0

1.3.3.5 企业家特征

企业家特征涉及企业家的性别、年龄、文化程度三个方面的内容。

(1) 样本企业中，企业家以男性为主。表1.8 显示，共208 家企业的企业家为男性，占样本企业总量的82.2%；企业家为女性的有45 家，占样本企业总量的17.8%。

表1.8　　　　　　　　　企业家性别分析

性别	企业数（家）	比重（%）
男	208	82.2
女	45	17.8
合计	253	100.0

(2) 由表1.9 可知，企业家年龄分布在35 岁及以下的样本企业有22 家，占样本企业总量的8.7%；企业家年龄分布在36～45 岁的样本企业有59 家，占样本企业总量的23.4%；企业家年龄分布在46～55 岁的样本企业有112 家，占样本企业总量的44.5%；企业家年龄分布在56 岁及以上的样本企业有59 家，占样本企业总量的23.4%。这表明现阶段大多数家族企业仍然处于创始人所有的阶段。

表1.9　　　　　　　　　企业家年龄分析

年龄（岁）	企业数（家）	比重（%）
35 及以下	22	8.7
36～45	59	23.4
46～55	112	44.5
56 及以上	59	23.4
合计	252	100.0
缺失	1	

(3) 由表1.10 可知，企业家具有小学及以下文化程度的样本企业有4 家，占样本企业总量的1.6%；企业家具有初中文化程度的样本企业有27 家，占样本企业总量的10.7%；企业家具有高中/中专文化程度的样本

企业有 48 家，占样本企业总量的 19.0%；企业家具有大专文化程度的样本企业有 44 家，占样本企业总量的 17.5%；企业家具有本科文化程度的样本企业有 100 家，占样本企业总量的 39.7%；企业家具有研究生文化程度的样本企业有 29 家，占样本企业总量的 11.5%。这表明我国家族企业经过多年的发展，企业家文化程度较改革开放初期已有了较大提高。

表 1. 10   企业家文化程度分析

文化程度	企业数（家）	比重（%）
小学及以下	4	1.6
初中	27	10.7
高中/中专	48	19.0
大专	44	17.5
本科	100	39.7
研究生	29	11.5
合计	252	100.0
缺失	1	

1.3.3.6 家族涉入程度

家族涉入程度采用家族所有权、家族管理权来测量。其中：家族所有权采用企业主及家族成员持有的企业股份比重来测量；家族管理权采用企业总经理/总裁是否由企业主本人或企业主的家族成员担任、企业高管团队（副总以上）中家族成员比重来测量。

（1）由表 1.11 可知，从家族所有权来看，企业主及家族成员平均持股比重为 83.81%，其中最大持股比重达 100%。从分类统计来看（见表 1.12），企业主及家族成员持股比重在 50.0% ~ 70.0% 的样本企业有 72 家，占样本企业总量的 28.5%；企业主及家族成员持股比重在 70.1% ~ 99.9% 的样本企业有 58 家，占样本企业总量的 22.9%；企业主及家族成员持股比重为 100% 的样本企业有 123 家，占样本企业总量的 48.6%。这表明现阶段我国大多数家族企业主仍然完全掌握企业所有权。

表 1. 11   家族所有权统计值

变量	均值	标准差	最大值	最小值
企业主及家族持股比重（%）	83. 81	19. 51	100. 0	50. 0

注：样本量 N = 253。

表 1. 12   企业主及家族持股比重分类分析

持股比重（%）	企业数（家）	企业数占比（%）
50. 0 ~ 70. 0	72	28. 5
70. 1 ~ 99. 9	58	22. 9
100. 0	123	48. 6
合计	253	100. 0

（2）由表 1. 13 可知，从家族管理权来看，企业总经理或总裁由企业主或家族成员担任的样本企业有 165 家，占样本企业总量的 65.2%；非家族成员担任总经理或总裁的样本企业有 88 家，占样本企业总量的 34.8%。由表 1. 14 的分类统计来看，高管团队家族成员比重集中在 0 ~ 20% 的样本企业有 127 家，占样本企业总量的 50.4%；高管团队家族成员比重集中在 21% ~ 50%、51% ~ 80%、80% 以上的样本企业分别有 37 家、31 家和 28 家，各占样本企业总量的 14.7%、12.3% 和 11.1%；高管团队完全由非家族成员构成的样本企业仅有 29 家，占样本企业总量的 11.5%。

表 1. 13   家族管理权分析

总经理/总裁由企业主或家族成员担任情况	企业数（家）	比重（%）
是	165	65. 2
否	88	34. 8
合计	253	100. 0

表 1. 14   家族管理权分类分析

高管团队家族成员比重（%）	企业数（家）	企业数占比（%）
0	29	11. 5
0 ~ 20	127	50. 4
21 ~ 50	37	14. 7

高管团队家族成员比重（%）	企业数（家）	企业数占比（%）
51~80	31	12.3
80 以上	28	11.1
合计	252	100.0
缺失	1	

1.3.3.7 代际传承情况

本书从家族二代所有权、家族二代管理权来衡量家族企业代际传承情况。其中：家族二代所有权采用二代家族成员持有企业的股份比重来测量；家族二代管理权采用二代家族成员担任企业高管（含总经理）、董事（含董事长）的数量来测量。

（1）由表1.15可知，从家族二代所有权来看，二代家族成员平均持有企业股份的比重为10.05%，其中，最大持股比例达100%。从表1.16的分类统计来看，二代家族成员持股比重在1%~49.9%的样本企业有52家，占样本企业总量的20.6%；二代家族成员持股比重在50%及以上的样本企业有19家，占样本企业总量的7.5%；二代家族成员尚未持股的样本企业有182家，占样本企业总量的71.9%。

表1.15　　　　　　　　　　家族二代所有权统计值

变量	均值	标准差	最大值	最小值
二代家族成员持股比重（%）	10.05	22.92	100.00	0.00

注：样本量 N＝253。

表1.16　　　　　　　　　　家族二代所有权分类分析

二代持股比重（%）	企业数（家）	企业数占比（%）
0	182	71.9
1~49.9	52	20.6
50 及以上	19	7.5
合计	253	100.0

（2）由表1.17可知，从家族二代管理权来看，1名二代家族成员担任企业高管（含总经理）、董事（含董事长）的样本企业有56家，占样本企业总量的22.1%；2名及以上二代家族成员担任企业高管（含总经理）、董事（含董事长）的样本企业有37家，占样本企业总量的14.6%；二代家族成员没有担任企业高管（含总经理）、董事（含董事长）的样本企业有160家，占样本企业总量的63.3%。

表1.17　　　　　　　家族二代管理权分类分析

高管团队、董事会中二代家族成员涉入情况（人）	企业数（家）	比重（%）
0	160	63.3
1	56	22.1
2及以上	37	14.6
合计	253	100.0

第2章

家族企业国际化的基本特征及比较研究

2.1 引言

改革开放以来，家族企业在推动中国经济发展、促进劳动力就业和税收增长等方面发挥了重要作用［中国民（私）营经济研究会家族企业研究课题组，2011］。近年来，在中国政府"走出去"战略及"一带一路"倡议的推动下，越来越多的中国家族企业加快了国际化经营步伐（陈凌和窦军生，2017）。当前，我国家族企业正在进入代际传承的高峰时期。那么，传承背景下的中国家族企业国际化有哪些基本的特征呢？

本章将利用 2020 年 8～11 月课题组对 7 个省（直辖市）253 份具有国际业务（出口、境外投资等）的样本家族企业的问卷调查数据，采用描述性统计分析方法，探讨传承背景下中国家族企业国际化的基本特征，并重点从代际传承阶段、代际传承内容和继承人特征（人口统计特征）三个方面进行比较研究，以期对传承背景下的中国家族企业国际化基本特征有一个初步的认识与把握。

2.2　家族企业国际化的基本特征

2.2.1　家族企业国际化深度

国际化深度主要反映企业海外经营强度和资源承诺（Kafouros et al.，2012），常用测量指标有企业境外销售额占总销售额的比重、境外资产占总资产的比重、境外雇员占总雇员的比重（陈立敏，2014）。本章采用2019年企业出口销售收入占总销售收入的比重、境外资产占总资产的比重、境外员工占总员工比重来测量。

表2.1显示，在253家具有国际业务的样本家族企业中，2019年出口销售收入占总销售收入比重的平均值为46.88%，标准差为37.19%，最大值为100%，最小值为0。其中，出口销售收入占总销售收入比重在0.1%～10%的家族企业有59家，占样本企业总量的23.4%；出口销售收入占总销售收入比重在11%～25%的家族企业有34家，占样本企业总量的13.4%；出口销售收入占总销售收入比重在26%～50%的家族企业有37家，占样本企业总量的14.6%；出口销售收入占总销售收入比重在51%～75%的家族企业有21家，占样本企业总量的8.3%；出口销售收入占总销售收入比重在75%以上的家族企业有88家，占样本企业总量的34.8%；没有出口销售收入的家族企业有14家，占样本企业总量的5.5%（见表2.2）。

表2.1　2019年家族企业出口销售收入占总销售收入比重统计值

变量	均值	标准差	最大值	最小值
出口销售收入占总销售收入比重（%）	46.88	37.19	100	0

注：样本量 N=253。

表 2.2　　　2019 年家族企业出口销售收入占总销售收入比重分类分析

销售收入比重（%）	企业数（家）	企业数占比（%）
0	14	5.5
0.1 ~ 10	59	23.4
11 ~ 25	34	13.4
26 ~ 50	37	14.6
51 ~ 75	21	8.3
75 以上	88	34.8
合计	253	100.0

表 2.3 显示，在 252 家具有国际业务的样本家族企业中，2019 年境外资产占总资产比重的平均值为 2.89%，标准差为 10.51%，最大值为 95.00%，最小值为 0。其中，境外资产占总资产比重在 0.1% ~ 5% 的家族企业有 6 家，占样本企业总量的 2.4%；境外资产占总资产比重在 6% ~ 10% 的家族企业有 15 家，占样本企业总量的 5.9%；境外资产占总资产比重在 11% ~ 30% 的家族企业有 9 家，占样本企业总量的 3.6%；境外资产占总资产比重在 30% 以上的家族企业有 6 家，占样本企业总量的 2.4%；没有境外资产的家族企业有 216 家，占样本企业总量的 85.7%（见表 2.4）。这表明我国绝大多数家族企业没有境外资产。

表 2.3　　　　2019 年家族企业境外资产占总资产比重统计值

变量	均值	标准差	最大值	最小值
境外资产占总资产比重（%）	2.89	10.51	95.00	0

注：样本量 N = 252，缺失 1 家。

表 2.4　　　　2019 年家族企业境外资产占总资产比重分类分析

资产比重（%）	企业数（家）	企业数占比（%）
0	216	85.7
0.1 ~ 5	6	2.4
6 ~ 10	15	5.9
11 ~ 30	9	3.6
30 以上	6	2.4
合计	252	100.0
缺失	1	

表 2.5 显示，在 252 家具有国际业务的样本家族企业中，2019 年境外员工占总员工比重的平均值为 4.64%，标准差为 16.40%，最大值为 100%，最小值为 0。其中，境外员工占总员工比重在 0.1% ~5% 的家族企业有 11 家，占样本企业总量的 4.4%；境外员工占总员工比重在 6% ~ 10% 的家族企业有 9 家，占样本企业总量的 3.6%；境外员工占总员工比重在 11% ~30% 的家族企业有 4 家，占样本企业总量的 1.6%；境外员工占总员工比重在 30% 以上的家族企业有 15 家，占样本企业总量的 5.9%；没有境外员工的家族企业有 213 家，占样本企业总量的 84.5% （见表 2.6）。这表明我国绝大多数家族企业没有雇用境外员工。

表 2.5　　　　2019 年家族企业境外员工占总员工比重统计值

变量	均值	标准差	最大值	最小值
境外员工占总员工比重（%）	4.64	16.40	100	0

注：样本量 N =252，缺失 1 家。

表 2.6　　　　2019 年家族企业境外员工占总员工比重分类分析

员工比重（%）	企业数（家）	企业数占比（%）
0	213	84.5
0.1 ~5	11	4.4
6 ~10	9	3.6
11 ~30	4	1.6
30 以上	15	5.9
合计	252	100.0
缺失	1	

综上所述，以中小企业为主体的我国家族企业国际化深度较小；同时，不同家族企业国际化深度差异较大。

2.2.2　家族企业国际化广度

国际化广度主要反映企业国际化经营的范围（Kafouros et al.，2012），常用测量指标有企业境外子公司分布国数量、境外子公司数量（陈立敏，2014）。本章采用2019年家族企业国际化（出口贸易、境外投资等）所涉及的国家数量来测量。

表2.7显示，样本家族企业开展国际化经营活动所涉及的国家数量平均值为9.21个，标准差为17.74个，最大值为130个，最小值为1个。表2.8显示，106家家族企业在1~3个国家开展国际化经营活动，占样本企业总量的41.9%；65家家族企业在4~6个国家开展国际化经营活动，占样本企业总量的25.7%；21家家族企业在7~9个国家开展国际化经营活动，占样本企业总量的8.3%；61家家族企业在10个及其以上国家开展国际化经营活动，占样本企业总量的24.1%。这表明我国家族企业国际化广度较小，近半数的家族企业在1~3个国家开展国际化经营活动；同时，不同家族企业国际化广度差异很大。

表2.7　　　　　2019年家族企业国际化所涉及的国家数量统计值

变量	均值	标准差	最大值	最小值
国家数（个）	9.21	17.74	130	1

注：样本量 N = 253。

表2.8　　　　　2019年家族企业国际化涉及的国家数分类分析

国家数（个）	企业数（家）	比重（%）
1~3	106	41.9
4~6	65	25.7
7~9	21	8.3
10及其以上	61	24.1
合计	253	100.0

2.2.3　家族企业国际化速度

本章采用两类指标来测量家族企业国际化速度：第一，国际化初始速度，采用企业首次进入国际市场的年份减去企业成立年份数来测量，数值

越小说明家族企业国际化初始速度越快；第二，进入国际市场之后的国际
化速度，借鉴王益民等（2017）的研究，采用企业国际化所涉及的国家数
量除以企业首次国际化扩张至 2019 年以来的年份数来测量。

2.2.3.1　国际化初始速度

家族企业国际化初始速度较快且差异较大。表 2.9 显示，在 250 家具
有国际业务的样本家族企业中，国际化初始速度的平均值为 4.11 年，标
准差为 5.65 年，最大值为 26 年，最小值为 0 年。表 2.10 显示，85 家家
族企业创建时进入国际市场，占样本企业总量的 34.0%；72 家家族企业
创建 1～3 年进入国际市场，占样本企业总量的 28.8%；39 家家族企业创
建 4～6 年进入国际市场，占样本企业总量的 15.6%；54 家家族企业创建
7 年及其以后进入国际市场，占样本企业总量的 21.6%。

表 2.9　　　　　　　　　家族企业国际化初始速度统计值

变量	均值	标准差	最大值	最小值
初始速度（年）	4.11	5.65	26	0

注：样本量 N = 250，缺失 3 家。

表 2.10　　　　　　　　家族企业国际化初始速度分类分析

初始速度（年）	企业数（家）	比重（%）
0	85	34.0
1～3	72	28.8
4～6	39	15.6
7 及其以上	54	21.6
合计	250	100.0
缺失	3	

2.2.3.2　进入国际市场之后的国际化速度

家族企业进入国际市场之后的国际化速度较慢且差异很大。表 2.11
显示，在 241 份有效样本中，家族企业进入国际市场之后的国际化速度平

均值为 1.25 个/年，即家族企业进入国际市场之后每年平均进入约 1.25
个国家，但最大值为 28.75 个/年，最小值为 0.06 个/年。从表 2.12 的分
类统计来看，每年进入 0~1 个国家的家族企业有 170 家，占样本企业总
量的 70.5%；每年进入 1~2 个国家的家族企业有 43 家，占样本企业总量
的 17.9%；每年进入 2~5 个国家的家族企业有 14 家，占样本企业总量的
5.8%；每年进入 5 个以上国家的家族企业有 14 家，占样本企业总量
的 5.8%。

表 2.11　　　　　　家族企业进入国际市场后国际化速度统计值

变量	均值	标准差	最大值	最小值
进入后速度（个/年）	1.25	2.52	28.75	0.06

注：样本量 N = 241，缺失 12 家。

表 2.12　　　　　　家族企业进入国际市场后国际化速度分类分析

进入后速度（个/年）	企业数（家）	比重（%）
0~1	170	70.5
1~2	43	17.9
2~5	14	5.8
5 以上	14	5.8
合计	241	100.0
缺失	12	

综上所述，中国家族企业首次进入国际市场的速度较快；但是，家族
企业进入国际市场之后的国际化速度较慢，大部分中国家族企业选择渐进
式的国际化路径（Claver et al.，2007；Kontinen & Ojala，2012）。

2.2.4　家族企业国际化经营模式

家族企业国际化经营模式包括出口贸易、合同协议、在境外新建独资
企业、在境外新建合资企业、跨国并购等。表 2.13 显示，具有出口贸易
的家族企业有 247 家，占样本企业总量的 97.63%；具有合同协议的家族

企业有 54 家，占样本企业总量的 21.34%；具有境外销售机构的家族企业有 35 家，占样本企业总量的 13.83%；在境外新建合资企业的家族企业有 22 家，占样本企业总量的 8.70%；在境外新建独资企业的家族企业有 19 家，占样本企业总量的 7.51%；具有跨国并购的家族企业有 8 家，占样本企业总量的 3.16%。这表明我国家族企业国际化经营模式以出口贸易为主；其次是合同协议、在境外设立销售机构；家族企业避免选择威胁其独立性的国际化经营模式，例如在境外新建合资企业、独资企业和跨国并购。

表 2.13　　　　　　　　　家族企业国际化经营模式

国际化经营模式	企业数（家）	比重（%）
出口贸易	247	97.63
合同协议	54	21.34
在境外设立销售机构	35	13.83
境外直接投资（新建合资企业）	22	8.70
境外直接投资（新建独资企业）	19	7.51
跨国并购	8	3.16
其他	20	7.91

注：样本量 N = 253。

　　表 2.14 显示，样本家族企业 2019 年境外直接投资占总投资比重的平均值为 2.09%，标准差为 9.21%，最大值为 95%，最小值为 0。表 2.15 显示，在 253 家具有国际业务的样本家族企业中，具有境外直接投资的家族企业有 47 家，其中，境外直接投资占总投资比重在 0.1% ~ 5% 的家族企业有 26 家，占样本企业总量的 10.3%；境外直接投资占总投资比重在 6% ~ 10% 的家族企业有 13 家，占样本企业总量的 5.1%；境外直接投资占总投资比重在 11% 及其以上的家族企业有 8 家，占样本企业总量的 3.2%。

表 2.14　　　　2019 年家族企业境外直接投资占总投资比重统计值

变量	均值	标准差	最大值	最小值
境外直接投资占总投资比重（%）	2.09	9.21	95.00	0

注：样本量 N = 253。

表 2.15　　2019 年家族企业境外直接投资占总投资比重分类分析

投资比重（%）	企业数（家）	企业数占比（%）
0	206	81.4
0.1~5	26	10.3
6~10	13	5.1
11 及其以上	8	3.2
合计	253	100.0

2.2.5　家族企业国际化绩效

对家族企业国际化绩效的测量，本书借鉴了萨拉和加维斯（Zahra & Garvis，2000）量表，包括 4 个测量题项：与同行主要竞争对手相比，近 3 年企业海外销售增长率、海外利润率、海外市场占有率和海外市场投资收益率。各变量采用李克特五点尺度衡量，取值范围为 1~5，表示从"很差"到"很好"。探索性因子分析显示，量表的 KMO 为 0.848，变量的累计解释量达 83.362%；信度系数 Cronbach'α 为 0.933。这表明量表具有良好的信度和效度。统计结果显示，总体上看，家族企业国际化绩效表现一般，而海外市场投资收益率表现较差。

表 2.16 显示，在 252 家具有国际业务的样本家族企业中，2017~2019 年，企业海外销售增长率、海外利润率、海外市场占有率和海外市场投资收益率的平均值分别为 3.02、2.99、2.87 和 2.81，低于或接近 3。

表 2.16　　　　　　　　　家族企业国际化绩效统计值

国际化绩效指标	样本量	均值	标准差	最小值	最大值
海外销售增长率	252	3.02	0.96	1	5
海外利润率	252	2.99	0.95	1	5
海外市场占有率	252	2.87	0.94	1	5
海外市场投资收益率	252	2.81	0.93	1	5

表 2.17 显示，2017~2019 年，对于海外销售增长率、海外利润率、

海外市场占有率和海外市场投资收益率四项指标，表现差的家族企业分别有 60 家、63 家、74 家和 79 家，各占样本企业总量的 23.8%、25.0%、29.4% 和 31.3%；表现一般的家族企业分别有 120 家、118 家、118 家和 124 家，各占样本企业总量的 47.6%、46.8%、46.8% 和 49.2%；表现较好及其以上的家族企业分别有 72 家、71 家、60 家和 49 家，各占样本企业总量的 28.6%、28.2%、23.8% 和 19.5%。

表 2.17　　　　　　　　　　家族企业国际化绩效分类比较

国际化绩效评价	海外销售增长率		海外利润率		海外市场占有率		海外市场投资收益率	
	样本量（家）	比重（%）	样本量（家）	比重（%）	样本量（家）	比重（%）	样本量（家）	比重（%）
1. 很差	20	7.9	21	8.3	24	9.5	25	9.9
2. 较差	40	15.9	42	16.7	50	19.9	54	21.4
3. 一般	120	47.6	118	46.8	118	46.8	124	49.2
4. 较好	59	23.4	61	24.2	54	21.4	41	16.3
5. 很好	13	5.2	10	4.0	6	2.4	8	3.2
合计	252	100.0	252	100.0	252	100.0	252	100.0
缺失	1		1		1		1	

2.3　家族企业国际化基本特征的比较研究

本章采用独立样本 T 检验和单因素方差分析（one-way ANOVA）方法，对传承背景下中国家族企业国际化深度、国际化广度、国际化速度和国际化绩效进行比较研究。考虑到中小企业很少具有境外资产和境外员工，而中小企业国际化深度最常用的测量指标是出口销售收入占总销售收入的比重（Lu & Beamish, 2001；Westhead et al., 2001），因此，本章对家族企业国际化深度的比较研究选择了两类指标：一是国际化深度_1，定义为 2019 年企业出口销售收入占总销售收入的比重；二是国际化深度_2，定义为 2019 年企业出口销售收入占总销售收入的比重、境外资产占总资产的比重、境外员工占总员工比重的平均值。此外，由于家族企业国际化经营模式是多选题项，因此本章无法对家族企业国际化经营模式进行比较研究。

2.3.1　按代际传承阶段比较

代际传承阶段分为三类：第一类，一代自治阶段，指二代家族成员没有担任企业高管或进入董事会；第二类，二代参与管理/两代共治阶段，指二代家族成员担任企业副总经理、董事或副董事长等职位，父辈担任企业总经理或董事长；第三类，二代接收管理/管理权转移阶段，指二代家族成员担任企业总经理或董事长，父辈在企业担任其他职务或完全退出企业事务。对代际传承阶段与样本家族企业国际化基本特征进行单因素方差分析。方差齐性检验（test of homogeneity of variances）显示（见表2.18），国际化深度_2、国际化广度不满足方差齐性假设（$p < 0.001$）。对此采用Tamhane多重检验方法，检验代际传承阶段差异对家族企业国际化深度_2、国际化广度影响的差异特征（见表2.19）。检验结果显示，总体上看，进入代际传承阶段（二代参与管理/两代共治、二代接收管理/管理权转移阶段）的家族企业国际化深度_2较大、国际化初始速度较慢（显著性分别为0.049、0.045）；同时，与两代共治阶段的家族企业相比，处于管理权转移阶段的家族企业国际化初始速度较慢；处于不同代际传承阶段的家族企业国际化广度、进入国际市场之后的国际化速度和国际化绩效不存在明显的差异。这与处于管理权转移阶段的家族企业样本量很小（17家）可能存在紧密关系。

表2.18　　　不同代际传承阶段的家族企业国际化基本特征比较

变量	一代自治	两代共治	管理权转移	齐性检验（Sig）	ANVOA（F）	ANVOA（Sig）
国际化深度_1	44.0801	53.1442	44.7059	0.516	1.579	0.208
国际化深度_2*	16.3532	21.0804	22.2941	0.000	3.043	0.049
国际化广度	7.0252	10.8961	21.9412	0.000	6.172	0.002

续表

变量	一代自治	两代共治	管理权转移	齐性检验（Sig）	ANVOA（F）	ANVOA（Sig）
国际化初始速度*	3.4494	5.1067	5.8824	0.185	3.135	0.045
进入后国际化速度	1.04551	1.47039	2.09922	0.022	1.741	0.177
国际化绩效	2.8829	3.0422	2.7647	0.368	1.194	0.305

注：*表示 $p<0.05$。

表 2.19　　　　不同代际传承阶段的家族企业国际化深度、

国际化广度的 Tamhane 多重比较

变量	代际传承阶段（类别）		均值差	显著性（Sig）
	I	J	（I－J）	
国际化深度_2	一代自治	两代共治	－4.72717	0.790
		管理权转移	－5.94093+	0.056
国际化广度	一代自治	两代共治	－3.87095	0.334
		管理权转移	－14.91602	0.260

注：+表示 $p<0.10$。

2.3.2　按代际传承内容比较

家族企业代际传承活动涉及"传给谁、传什么、怎么传"三个方面的问题。"传给谁"即代际传承对象，涉及家族成员与非家族成员两类群体；"传什么"即代际传承内容，涉及所有权、管理权、创始人隐性知识、社会资本和企业家精神等家族专用性资产的代际传承；"怎么传"即代际传承模式，可分为渐进式传承模式和激进式传承模式两种。与非家族企业相比，家族企业更倾向于安排家族成员担任企业 CEO，"子承父业"仍然是我国家族企业传承的主流模式。然而，随着管理实践的发展，我国家族企业继承人选择范围开始从核心家庭成员逐步扩展至非家族成员，即选择非家族的职业经理人担任家族企业总经理或 CEO，而家族后代仅仅掌握家族企业的所有权。结合代际传承对象与代际传承内容，本小节重点从家族二代所有权、家族二代管理权视角进行比较研究。

2.3.2.1 按家族二代所有权比较

家族二代所有权分为三类：第一类，二代家族成员持有企业的股份比例为0；第二类，二代家族成员持有企业的股份比例为1%～49.9%；第三类，二代家族成员持有企业的股份比例大于50%。对家族二代所有权与样本家族企业国际化基本特征进行单因素方差分析。方差齐性检验显示（见表2.20），国际化初始速度不满足方差齐性假设（$p < 0.001$）。对此采用Tamhane多重检验方法，检验家族二代所有权差异对家族企业国际化初始速度影响的差异特征（见表2.21）。从检验结果来看，总体上，随着家族二代所有权的增加，家族企业国际化初始速度减缓。不同家族二代所有权的家族企业国际化深度、国际化广度、进入国际市场之后的国际化速度、国际化绩效不存在明显的差异。

表2.20　　　不同家族二代所有权的家族企业国际化基本特征比较

变量	二代持有企业股份比例			齐性检验（Sig）	ANVOA（F）	ANVOA（Sig）
	0	1%～49.9%	50%及以上			
国际化深度_1	49.0716	38.9450	47.6132	0.073	1.509	0.223
国际化深度_2	18.8159	15.2841	19.9868	0.273	1.160	0.315
国际化广度	9.1319	7.3654	14.9474	0.053	1.279	0.280
国际化初始速度***	3.1823	6.2600	7.3158	0.000	9.754	0.000
进入后国际化速度	1.25039	1.21687	1.3136	0.886	0.010	0.991
国际化绩效	2.9268	2.8750	3.0263	0.257	0.217	0.805

注：*** 表示 $p < 0.001$。

表2.21　　　　　不同家族二代所有权的家族企业国际化初始
速度的Tamhane多重比较

变量	家族二代所有权（类别）		均值差	显著性（Sig）
	I	J	(I－J)	
国际化初始速度	0	1%～49.9%	－3.07768*	0.016
		50%及以上	－4.13347+	0.066

注：+ 表示 $p < 0.10$，* 表示 $p < 0.05$。

2.3.2.2　按家族二代管理权比较

家族二代管理权采用二代家族成员担任企业高管（含总经理）、董事（含董事长）来测量。对家族二代管理权与样本家族企业国际化基本特征的独立样本 T 检验显示（表2.22）：二代家族成员担任高管（含总经理）或董事（含董事长）的家族企业国际化深度_1、国际化深度_2、国际化广度明显大于二代家族成员未担任高管或董事的家族企业（显著性分别为0.079、0.010、0.026），但二代家族成员担任高管（含总经理）或董事（含董事长）的家族企业国际化初始速度明显慢于二代家族成员未担任高管或董事的家族企业（显著性为0.030），这表明家族二代管理权对家族企业国际化深度、国际化广度可能具有显著的正向影响，但家族二代管理权对家族企业国际化初始速度可能具有显著的负向影响；二代家族成员是否担任高管或董事的家族企业进入国际市场之后的国际化速度、国际化绩效不存在明显差异。

表 2.22　　不同家族二代管理权的家族企业国际化基本特征比较

变量	二代任高管或董事	二代未任高管或董事	T 值	Sig（双尾）
国际化深度_1 +	52.0656	43.5203	1.771	0.079
国际化深度_2 *	21.4975	15.9545	2.609	0.010
国际化广度 *	12.9785	6.9811	2.256	0.026
国际化初始速度 *	5.1978	3.5063	2.180	0.030
进入后国际化速度	1.60302	1.0652	1.391	0.167
国际化绩效	3.0000	2.8797	1.065	0.288

注：+表示 $p < 0.10$，* 表示 $p < 0.05$。

2.3.3　按二代继承人特征比较

2.3.3.1　按二代继承人性别比较

对继承人性别与样本家族企业国际化基本特征的独立样本 T 检验显示

（见表2.23），拥有女性继承人的家族企业国际化深度_1、国际化深度_2、国际化广度、进入国际市场之后的国际化速度明显小于拥有男性继承人的家族企业（显著性为0.044、0.056、0.006、0.006）。可能的解释是，与男性管理者相比，女性管理者具有较高的风险规避倾向（Faccio et al.，2016），投资中过度自信程度较低（Croson & Gneezy，2009），更加明显的家族归属和情感倾向（李晓琳和李维安，2019）及社会情感财富保护，保护社会情感财富会导致家族企业较少地选择国际化战略（Goómez-Mejía et al.，2010；Ray et al.，2018；Dou et al.，2019）。不同继承人性别的家族企业国际化初始速度、国际化绩效不存在明显的差异。

表2.23　　　　不同继承人性别特征的家族企业国际化基本特征比较

变量	女	男	T值	Sig（双尾）
国际化深度_1*	39.2637	49.7944	−2.027	0.044
国际化深度_2+	15.1676	19.3546	−1.919	0.056
国际化广度**	5.8143	10.5027	−2.798	0.006
国际化初始速度	4.4058	4.0000	0.507	0.613
进入后国际化速度**	0.77818	1.42965	−2.756	0.006
国际化绩效	2.8750	2.9423	−0.554	0.580

注：+表示$p<0.10$，*表示$p<0.05$，**表示$p<0.01$。

2.3.3.2　按二代继承人年龄比较

继承人年龄结构分为四类：第一类，年龄为20岁及以下；第二类，年龄为21~30岁；第三类，年龄为31~40岁；第四类，年龄为41岁及以上。对继承人年龄结构与样本家族企业国际化基本特征进行单因素方差分析。方差齐性检验显示（见表2.24），国际化深度_2、国际化初始速度不满足方差齐性假设（$p<0.01$）。对此采用Tamhane多重检验方法，检验继承人年龄差异对家族企业国际化深度_2、国际化初始速度影响的差异特征（见表2.25）。检验结果显示，不同继承人年龄结构的家族企业国际化初始速度不同，继承人年龄在20岁及以下的家族企业国际化初始速度最

快，而继承人年龄在 31~40 岁的家族企业国际化初始速度最慢；不同继承人年龄结构的家族企业国际化深度、国际化广度、进入国际市场之后的国际化速度和国际化绩效不存在明显的差异。

表 2.24　　　　不同继承人年龄结构的家族企业国际化基本特征比较

变量	20 岁及以下	21~30 岁	31~40 岁	41 岁及以上	齐性检验（Sig）	ANVOA（F）	ANVOA（Sig）
国际化深度_1	44.2105	46.7043	48.2928	56.2353	0.841	0.511	0.675
国际化深度_2	17.3658	17.1457	18.3364	28.7451	0.000	2.865	0.037
国际化广度	8.8158	9.5962	8.2600	11.6471	0.927	0.179	0.911
国际化初始速度**	2.4605	4.0882	5.9000	5.2500	0.002	4.344	0.005
进入后国际化速度	1.30301	1.33752	0.97463	1.26277	0.651	0.233	0.873
国际化绩效	2.8092	2.9757	3.0800	2.7794	0.244	1.282	0.291

注：** 表示 $p < 0.01$。

表 2.25　　　　不同继承人年龄结构的家族企业国际化深度、

国际化初始速度 Tamhane 多重比较

变量	继承人年龄结构（类别）		均值差	显著性（Sig）
	I	J	（I－J）	
国际化深度_2	20 岁及以下	21~30 岁	0.22013	1.000
		31~40 岁	-0.97058	1.000
		41 岁及以上	-11.37928	0.529
国际化初始速度	20 岁及以下	21~30 岁	-1.62771	0.136
		31~40 岁	-3.43947*	0.010
		41 岁及以上	-2.78947	0.622

注：* $p < 0.05$。

2.3.3.3　按二代继承人文化程度比较

继承人文化程度分为六类：第一类，小学及以下；第二类，初中；第三类，高中/中专；第四类，大专；第五类，本科；第六类，研究生。对继承人文化程度与样本家族企业国际化基本特征进行单因素方差分析。方差齐性检验显示（见表 2.26），国际化初始速度不满足方差齐性假设

（$p < 0.01$）。对此采用 Tamhane 多重检验方法，检验继承人文化程度差异对家族企业国际化初始速度影响的差异特征（见表 2.27）。检验结果显示，总体上看，随着继承人文化程度的提高，家族企业国际化初始速度降低；不同继承人文化程度的家族企业国际化深度、国际化广度、进入国际市场之后的国际化速度和国际化绩效不存在明显的差异。

表 2.26　　　　不同继承人文化程度的家族企业国际化基本特征比较

变量	小学及以下	初中	高中/中专	大专	本科	研究生	齐性检验（Sig）	ANVOA（F）	ANVOA（Sig）
国际化深度_1	42.9500	45.5692	43.4440	61.0833	46.0859	52.4402	0.038	0.654	0.659
国际化深度_2	14.5667	22.7731	15.8737	20.3611	17.2806	23.0652	0.002	1.613	0.157
国际化广度	5.5000	15.2500	11.0333	5.5833	7.7344	13.1277	0.002	1.241	0.290
国际化初始速度 *	0.7500	2.5833	3.4000	4.0833	5.0787	3.7556	0.003	2.563	0.028
进入后国际化速度	1.40314	1.63363	1.46129	0.64666	1.17949	4.26693	0.833	0.263	0.933
国际化绩效	2.9000	2.9375	2.7000	2.9583	2.9350	3.1011	0.954	0.807	0.546

注：* 表示 $p < 0.05$。

表 2.27　　　　不同继承人文化程度的家族企业国际化初始
速度的 Tamhane 多重比较

变量	继承人文化程度（类别）		均值差	显著性（Sig）
	I	J	(I – J)	
国际化初始速度	小学及以下	初中	− 1.83333	0.843
		高中/中专	− 2.650000	0.184
		专科	− 3.33333	0.714
		本科	− 4.32974 ***	0.000
		研究生	− 3.00556 *	0.025

注：* 表示 $p < 0.05$，*** 表示 $p < 0.001$。

2.3.3.4　按二代继承人海外留学经历比较

继承人海外留学经历分两类：第一类，有海外留学经历；第二类，无海外留学经历。对继承人海外留学经历与样本家族企业国际化基本特征的独立样本 T 检验显示（见表 2.28），继承人有无海外留学经历的家族企业国际化深度、国际化广度、国际化速度和国际化绩效不存在明显的差异。这与超过半数的样本家族企业尚未进入代际传承时期、部分样本家族企业的二代继承人尚未成年及二代继承人海外留学样本缺失等可能存在紧密关系。

表 2.28　　不同继承人海外留学经历的家族企业国际化基本特征比较

变量	有海外留学经历	无海外留学经历	T 值	Sig（双尾）
国际化深度_1	48.2887	45.8575	0.517	0.605
国际化深度_2	19.8715	16.7859	1.567	0.118
国际化广度	10.2333	8.1894	0.912	0.363
国际化初始速度	4.3675	3.9091	0.637	0.525
进入后国际化速度	1.3029	1.1980	0.320	0.749
国际化绩效	3.0000	2.8607	1.280	0.202

2.3.3.5　按二代继承人 MBA（含 EMBA）教育经历比较

继承人 MBA（含 EMBA）教育经历分两类：第一类，有 MBA 教育经历；第二类，无 MBA 教育经历。对继承人 MBA（含 EMBA）教育经历与样本家族企业国际化基本特征的独立样本 T 检验显示（见表 2.29），继承人有 MBA（含 EMBA）教育经历的家族企业国际化深度_1、国际化深度_2、国际化绩效明显好于继承人无 MBA（含 EMBA）教育经历的家族企业（显著性分别为 0.057、0.011、0.014）；继承人有无 MBA（含 EMBA）教育经历的家族企业国际化广度、国际化速度不存在明显的差异。

表 2.29　　不同继承人 MBA 教育经历的家族企业国际化基本特征比较

变量	有 MBA 教育经历	无 MBA 教育经历	T 值	Sig（双尾）
国际化深度_1 [+]	56.5867	44.4228	1.934	0.057
国际化深度_2 [*]	22.2806	16.9620	2.554	0.011
国际化广度	8.7959	9.2864	−0.171	0.864
国际化初始速度	5.2449	3.7551	1.389	0.170
进入后国际化速度	0.96662	1.32674	−0.866	0.387
国际化绩效 [*]	3.1939	2.8549	2.479	0.014

注：+ 表示 $p < 0.10$，* 表示 $p < 0.05$。

2.3.4 按代际传承模式比较

代际传承模式可分为两类。第一类为渐进式传承模式，即二代担任企业高管（含总经理）或董事（含董事长）之前担任过本企业基层或中层管理职务；第二类为激进式传承模式，即二代担任企业高管（含总经理）或董事（含董事长）之前没有担任过本企业基层或中层管理职务。对代际传承模式与样本家族企业国际化基本特征的独立样本 T 检验显示（见表2.30），采取渐进式传承模式的家族企业国际化深度_1、国际化深度_2、国际化广度、进入国际市场后的国际化速度明显大于采取激进式传承模式的家族企业（显著性为 0.011、0.003、0.040、0.069）。

表 2.30   不同传承模式的家族企业国际化基本特征比较

变量	渐进式传承模式	激进式传承模式	T 值	Sig（双尾）
国际化深度_1 *	56.8891	43.3484	2.571	0.011
国际化深度_2 **	1.90859	1.40847	2.997	0.003
国际化广度 *	5.5385	3.6108	2.085	0.040
国际化初始速度	2.56511	2.68898	− 0.246	0.805
进入后国际化速度 +	1.74167	1.07023	1.832	0.069
国际化绩效	3.0076	2.8938	0.920	0.358

注：+ 表示 $p < 0.10$，* 表示 $p < 0.05$，** 表示 $p < 0.01$。

2.4   结论与讨论

2.4.1 研究结论

本章利用 2020 年 8～11 月对 7 个省（直辖市）253 家具有国际业务（出口、境外投资等）的样本家族企业的问卷调查数据，采用描述性统计分析方法，研究现阶段中国家族企业国际化的基本特征，并重点从代际传承阶段、代际传承内容、继承人特征（人口统计特征）三个方面进行比较研究。

2.4.1.1　我国家族企业国际化的基本特征

第一，家族企业国际化深度较小；同时，不同家族企业国际化深度差异较大。

第二，家族企业国际化广度较小，近半数的家族企业在 1～3 个国家开展国际化经营活动；同时，不同家族企业国际化广度差异很大。

第三，家族企业首次进入国际市场的速度较快；但是，家族企业进入国际市场之后的国际化速度较慢，大部分家族企业选择渐进式的国际化路径。

第四，家族企业倾向于选择出口贸易、合同协议、在境外设立销售机构等不威胁其独立性的国际化经营模式，较少选择在境外新建合资企业、独资企业或跨国并购等威胁其独立性的国际化经营模式。

第五，家族企业国际化绩效表现一般，而海外市场投资收益率表现更差。

2.4.1.2　我国家族企业国际化基本特征的比较

第一，总体上看，进入代际传承阶段（二代参与管理/两代共治、二代接收管理/管理权转移阶段）的家族企业国际化深度较大、国际化初始速度较慢；同时，与两代共治阶段的家族企业相比，处于管理权转移阶段的家族企业国际化初始速度较慢。

第二，总体上看，随着家族二代所有权的增加，家族企业国际化初始速度降低；二代家族成员担任高管（含总经理）或董事（含董事长）的家族企业国际化深度_1、国际化深度_2、国际化广度明显大于二代家族成员未担任高管或董事的家族企业，但二代家族成员担任高管（含总经理）或董事（含董事长）的家族企业国际化初始速度明显慢于二代家族成员未担任高管或董事的家族企业。

第三，拥有女性继承人的家族企业国际化深度_1、国际化深度_2、国际化广度、进入国际市场之后的国际化速度明显小于拥有男性继承人的家族企业；继承人年龄在 20 岁及以下的家族企业国际化初始速度最快，而继承人年龄在 31~40 岁的家族企业国际化初始速度最慢；总体上看，随着继承人文化程度的提高，家族企业国际化初始速度降低；继承人有 MBA（含 EMBA）教育经历的家族企业国际化深度_1、国际化深度_2、国际化绩效明显好于继承人无 MBA 教育经历的家族企业。

第四，采取渐进式传承模式的家族企业国际化深度_1、国际化深度_2、国际化广度、进入国际市场后的国际化速度明显大于采取激进式传承模式的家族企业。

2.4.2 研究意义

本章研究结论对我国家族企业管理实践具有重要启示：第一，不同类型家族企业应根据企业内外部条件理性选择与代际传承阶段、代际传承活动相适应的国际化战略；第二，家族企业创始人要重视家族管理权（事业）传承，让二代继承人担任企业关键管理职位，充分发挥家族二代管理权对家族企业国际化的积极作用。第三，家族企业创始人应加强对女性继承人的培养，合理制定继承人培养计划，努力提高女性继承人的风险识别与风险管理能力，以降低女性继承人对家族企业国际化扩张风险的规避倾向。

2.4.3 研究局限性与展望

受研究条件等因素的限制，本章采用横截面数据研究家族企业国际化的基本特征，无法反映家族企业国际化节奏等国际化动态变化特征；同时，本章仅仅是一个描述性统计分析，研究结论的可靠性仍然需要谨慎对待。

　　因此，未来研究可以对家族企业进行长时段的跟踪调查，以更全面地刻画家族企业国际化的动态变化特征；同时，未来需要通过更严密的实证研究，如利用大样本数据进行回归分析，以深入揭示代际传承背景下我国家族企业国际化基本特征及差异性。

第 3 章

家族企业代际传承过程中的国际化
战略选择典型案例研究

3.1 引言

    家族企业代际传承是领导权和控制权由一代向后代转移的过程，涉及家庭、企业和所有权系统（Handler，1994），涵盖了角色、身份和权威结构等的变化，常常会导致企业战略等的变化。多数学者认为家族企业代际传承对国际化具有促进作用（Gallo & Pont，1996；Fernández & Nieto，2005；Merino et al.，2015；Cristiano，2018；Fang et al.，2018）。然而，一些学者指出家族企业代际传承对国际化无显著的影响（Okoroafo，1999；Okoroafo & Koh，2010），甚至具有阻碍作用（Graves & Thomas，2008）。家族企业代际传承对国际化影响的差异性可能是由于家族几代人之间的关系与目标冲突、愿景与价值观差异、知识与能力变化等造成的（Graves & Thomas，2008；Calabrò et al.，2016；De Massis et al.，2018；Shi et al.，2019），差异化的制度环境可能会影响家族企业代际传承与国际化之间的关系（Arregle et al.，2017）。那么，中国家族企业代际传承对国际化的影响如何？其内在作用机制是什么？

本章选择四川和浙江的典型家族企业——四川海特高新技术股份有限公司、宁波圣龙（集团）有限公司、新希望集团有限公司进行案例研究，关注典型家族企业的代际传承过程、国际化战略、代际传承过程中的国际化战略选择，挖掘现象背后隐藏的作用机制，以期对转型经济背景下中国家族企业代际传承对国际化的影响机制有一个基本的认识和理论把握，并为中国家族企业代际传承与国际化战略选择提供理论指导和操作模式。

3.2　研究设计

3.2.1　案例选择

本章采用探索性的多案例研究方法，多案例提供了比单案例研究更一般化和更有力的证据，能够相互参照，从而进一步扩展了理论（Eisenhardt，1989），并且还能促进对研究问题进行更广泛的探索和理论提炼。具体而言，选取四川海特高新技术股份有限公司、宁波圣龙（集团）有限公司、新希望集团有限公司作为案例企业，原因主要有以下几点：第一，案例企业的典型性。三家企业都属于家族企业，并且是各自行业的龙头企业，具有一定的社会影响力。第二，案例企业的代表性。三家企业已经完成代际传承或者已经进入代际传承时期，并且每一个传承阶段关键事件明显，时间线清晰；同时，三家企业都在除中国以外的至少一个市场开展业务活动；此外，三家企业在代际传承过程中或代际传承完成后国际化扩张明显。具体而言，四川海特高新技术股份有限公司已经完成代际传承，代际传承过程中和代际传承完成后企业国际化扩张明显，客户覆盖东南亚、东北亚、欧洲等国家和地区；宁波圣龙（集团）有限公司目前处于二代参与管理/两代共治阶段，继承人是企业主要负责人，代际传承过程中企业国际化扩张明显，客户覆盖美国、德国、英国、日本、韩国、澳大利亚等国家和地区；新希望集团有限公司目前处于二代参与管理/两代共治阶段，二代继承人是企业主要负责人，代际传承过程中企业国际化扩张明显，目前新希望集团拥有海外分子公司超过 600 家，外籍员工 3000 多人。第三，案例资料获取的便利性和可靠性。四川海特高新技术股份有限公司是 A 股上市公司，企业信息披露程度较高；宁波圣龙（集团）有限公司旗下子公司"宁波圣龙汽车动力系统股份有限公司"是 A 股上市公司，为案例研究提供了丰富的数据资料；新希望集团有限公司旗下拥有新希望六和股份有限公司（股票代码 000876）、新希望乳业股份有限公司（股票代码 002946）、河北宝硕股份有限公司（股票代码 600155）三家 A 股上市公司，为案例研究提供了丰富的数据资料；三家企业的二手资料来源多样且记录翔实，数据资料收集比较方便，能够为研究提供丰富的素材进行三角验证。

3.2.2 数据收集

案例企业数据收集以二手资料为主，主要包括案例企业上市公司公告及年报、公司官网、政府主管部门网站、行业协会网站、期刊论文、硕博论文、报纸文章、权威媒体报道以及高层访谈演讲等。

依据以下原则对资料进行筛选和判读：优先采用上市公司的公告及年报；关键事实采用多个来源的信息进行对照，以实证数据的三角交叉；对媒体信息进行溯源查证，优先采用官方的财经媒体，网络媒体信息仅作为参考。

3.3 四川海特高新技术股份有限公司①

3.3.1 公司简介

四川海特高新技术股份有限公司（简称"海特高新"）成立于 1991

---

① 本案例资料来源：四川海特高新技术股份有限公司官方网站（www.schtgx.com）；四川海特高新技术股份有限公司 2004～2022 年年度报告。

年。1991 年，李再春联合几位朋友创建了海特航空维修公司，公司主要从事航空检测设备研究制造和航空机载电子部附件维修。1992 年 10 月，李再春注册成立了"四川海特高新技术有限公司"。2000 年 9 月，"四川海特高新技术有限公司"整体变更为"四川海特高新技术股份有限公司"。2004 年 7 月 21 日，四川海特高新技术股份有限公司在深圳中小板上市（股票代码 002023）。公司发起人分别是李再春、王万和、刘生会、李飚、郑超和李刚 6 位自然人，其中，李再春、李飚、李刚为父子关系。经过 30 多年的发展，海特高新已发展成为以高端核心装备研制与保障、高性能集成电路设计与制造、航空工程技术与服务为主营业务的高新技术企业，业务领域覆盖航空制造、航空维修工程、航空培训、航空租赁、集成电路制造。在航空维修领域，海特高新以成都维修基地为中心，先后在武汉、上海、昆明、贵阳、天津、景德镇、新加坡等地设立 10 余家子公司和工作站，拥有工程技术人员 900 余人、先进设备仪器 1000 余台，是中国现代飞机机载设备维修规模大、维修设备全、用户覆盖面广的航空维修企业。

　　海特高新是一家典型的家族企业。截至 2022 年底，创始人李再春家族持有海特高新 14.67% 的股份，其中，继承人李飚持有 12.88% 的股份，为海特高新的第一大股东和实际控制人，创始人李再春持有 1.79% 的股份；从企业高管团队来看，2022 年 7 月 25 日之前李飚担任海特高新董事长，2022 年 7 月 25 日之后万涛担任海特高新董事长。

3.3.2　代际传承过程

　　家族企业代际传承是一个长期持续的过程。借鉴李卫宁等（2015）、范作冰和王婷（2018）、严若森等（2021）等的研究，本章以管理权和所有权传承为标志，将家族企业代际传承过程划分为传承前准备阶段、二代参与管理/两代共治阶段、二代接收管理/管理权转移阶段、所有权/控制权转移阶段。表 3.1 显示了海特高新的代际传承阶段以及管理权和控制权分布情况。

表 3.1 海特高新代际传承阶段、管理权及控制权分布

传承阶段	阶段起点	管理权和控制权分布
传承前准备 （2007 年 2 月之前）	李再春担任董事长，李飚担任董事但未进入公司高管团队	一代掌握管理权和控制权
二代参与管理/两代共治 （2007 年 2 月~2008 年 7 月）	李飚担任董事并进入公司高管团队主持工作	一代交出部分管理权
二代接收管理/管理权转移 （2008 年 7 月~2014 年 9 月）	李飚担任董事长	一代掌握控制权，二代掌握管理权
所有权/控制权转移 （2014 年 9 月至今）	李再春与李飚签署《股份转让协议》，将其持有的股份转让给李飚	二代掌握管理权和控制权

资料来源：根据海特高新 2004~2022 年年度报告整理。

3.3.2.1 传承前准备阶段（2007 年 2 月之前）

从管理权传承准备来看，2004 年海特高新上市之初，李再春担任公司董事长和总经理。2005 年 3 月，经董事会批准，海特高新总经理一职交由次子李刚担任，李刚在总经理的位置上一直做到 2007 年 2 月，之后李刚进入母公司海特集团担任副总裁。在此期间，长子李飚虽然担任公司董事一职，但并没有出现在海特高新的高管团队中。

从所有权传承准备来看，李刚不断减持海特高新的股份，从 2004 年持股 2.87% 减持到 2007 年的 0.57%。

除了管理权与所有权传承的准备之外，李再春十分重视家族社会资本的代际传承。2004 年李再春担任了中华全国工商联执委、四川省人大代表、四川省工商联常委等社会职务；2006 年李飚担任了四川省工商管理协会理事、四川省个体私营经济协会副会长，2007 年李飚担任了中华全国工商联执委，并担任四川工商联第九届常委、成都市第十五届人大代表。

3.3.2.2 二代参与管理/两代共治阶段（2007 年 2 月~2008 年 7 月）

2007 年 2 月，海特高新第二届董事会任期结束，新一届董事会宣布由

万涛接任李刚担任公司总经理，李飚正式主持公司事务。与其他家族企业代际传承情况不同的是，李飚从 2007 年 2 月主持公司事务，到 2008 年 7 月接替李再春担任公司董事长，海特高新两代共治阶段持续的时间很短。主要原因是，海特高新的父子共同创业模式①使继承人李飚积累了较丰富的行业经验、管理经验和社会资本等，并在企业内外部构建了一定的权威合法性，从而大大缩短了海特高新两代共治的时间。

3.3.2.3　二代接收管理/管理权转移阶段（2008 年 7 月 ~ 2014 年 9 月）

2008 年 7 月 4 日，李再春宣布卸任海特高新董事长，新任董事长由李飚担任。但是，到 2014 年 9 月前，李再春仍然为海特高新的控股股东和实际控制人，其持股比例达 27.76%，李飚持股比例仅为 2.73%。

3.3.2.4　所有权/控制权转移阶段（2014 年 9 月至现今）

2014 年 9 月 8 日，李再春与李飚签署《股份转让协议》，将其持有的部分公司股票 55945012 股（占公司总股本的 16.6016%）转让给李飚。股份转让之后，李飚持有海特高新 18.99% 的股份，李再春持有海特高新 7.72% 的股份。李飚成为海特高新的控股股东和实际控制人。2015 ~ 2020 年，李再春进一步减持海特高新的股份，由 2014 年的 7.72% 减持到 2021 年的 1.79%（见表 3.2）。

表 3.2　　　　　　　　海特高新控制家族持股情况　　　　　　单位:%

年份	李再春	李飚	李刚	年份	李再春	李飚	李刚
2004	47.33	3.68	2.87	2007	38.48	3.06	0.57
2005	39.40	3.06	2.39	2008	38.48	3.06	0.57
2006	39.40	3.06	2.39	2009	34.87	3.06	0

---

①　在海特高新创业过程中，长子李飚、次子李刚一直陪伴在李再春左右，李飚先后担任海特高新电子经营部经理、市场部总监、董事，李刚先后担任海特高新工程部主任、副总工程师、总经理。

续表

年份	李再春	李飚	李刚	年份	李再春	李飚	李刚
2010	31.12	2.73	0	2016	6.87	17.18	0
2011	27.76	2.73	0	2017	6.87	17.18	0
2012	27.76	2.73	0	2018	6.87	17.18	0
2013	27.76	2.73	0	2019	6.87	17.18	0
2014	7.72	18.99	0	2020	1.79	12.88	0
2015	6.87	17.18	0	2021	1.79	12.88	0

资料来源：根据海特高新 2004~2022 年年度报告整理。

3.3.3 国际化战略

3.3.3.1 出口贸易

海特高新的国际化经营活动始于 2006 年，主要是依托其子公司——四川海特国际贸易有限公司为其他无外贸资质的企业从事外贸代理活动，出口产品包括家用电器、纺织、服装、矿产品、农副产品等。2006 年至 2008 年 7 月，海特高新的国际化业务与公司主营业务相关度不高。

3.3.3.2 境外直接投资、跨国并购

2008 年 7 月李飚担任海特高新董事长后，提出"以航空维修为主，航空技术为核心，同心多元化发展"① 作为企业总体发展战略。海特高新的国际化扩张是李飚的企业战略调整的重要体现。为突出主营业务，海特高新对外贸代理业务进行了压缩，2011 年外贸代理业务正式退出海特高新。2009 年，海特高新首次在战略规划中提出"立足国内市场，积极参

---

① 同心多元化发展战略就是在航空产业的构架下依托公司专业的航空技术实力，通过不断的商业模式创新，根据产业发展的需求从机械和电子的部附件、发动机、飞机整机维修到机载设备研发、航空培训等多个产业节点上拓展业务，从而最终实现做航空产业主流企业的战略目标（资料来源：中国证券报. 海特高新董事长李飚：同心多元战略争做航空主流 [EB/OL]. (2009 - 09 - 03) [2023 - 05 - 21]. http://stock.10jqka.com.cn/20090903/c61352129.shtml）。

与国际竞争"，强调利用与国际航空维修企业和原设备制造商（OEM）的合作渠道，使公司成为长期持续发展的国际航空技术服务名牌企业。2010年，海特高新明确提出渐进式开发海外市场，通过海外市场开拓保证公司新的业务增长点。从2011年开始，海特高新坚持"以航空技术为核心同心多元化发展"，围绕巩固发展维修主业和加速推动航空培训、航空租赁业等相关业务进行海外市场开拓（见表3.3）。

表 3.3　　　　　　　　　　　海特高新的国际化战略

业务板块	国际化战略	主要国家
航空培训板块	2012年，收购新加坡 AST 公司全部股权；2013年，投资9528万美元在新加坡建设航空培训基地，投入6台模拟机进行航空培训	东南亚国家
航空租赁板块	2014年，设立华新飞机租赁（新加坡）公司，进入东南亚航空租赁市场；2016年，设立华新飞机租赁（爱尔兰）公司；2017年，设立华新飞机租赁（法国）公司，进入欧洲航空租赁市场	东南亚、欧洲部分国家
航空维修板块	2016年，与 IAI 签署 B737 – NG 飞机客改货 STC 开发协议，获取 B737 – NG 飞机客机改货机资质，公司在全球范围内开展飞机改装和技术服务业务；2018年，公司整机维修业务宣布进军东南亚、东北亚市场	主要面向东南亚、东北亚国家，同时承接全球航空公司飞机维修及客机改货机业务

资料来源：根据海特高新2004~2022年年度报告整理。

3.3.4　代际传承过程中的国际化战略选择

在二代参与管理/两代共治阶段，李飚进入公司董事会并主持公司工作，具有一定的管理权，但是，公司大部分管理权和实际控制权仍然由李再春掌握。为平稳渡过交接班动荡期，海特高新在战略选择上较保守，公司国际化经营活动是为其他无外贸资质的企业从事外贸代理活动。

在二代接收管理/管理权转移阶段，李飚担任公司董事长，公司高管团队主要由与李飚私下关系较好的年轻一代组成。根据"同心多元化发展"的战略构想，海特高新首先对外贸代理业务进行了压缩；其次，海特高新将航空培训和航空租赁这两个公司新兴业务板块作为国际市场开拓的重点，逐步拓展公司的国际业务。2012年收购新加坡AST公司全部股权，并在新加坡建设培训基地，进入东南亚航空培训市场。凭借海特高新在新加坡的航空培训基地的影响力，2014年设立华新飞机租赁（新加坡）公司，进入东南亚航空租赁市场。

在所有权/控制权转移阶段，李飚成为公司控股股东和实际控制人后，继续大力贯彻实施"同心多元化发展战略"，并加快实施国际化战略。除了继续拓展航空培训、航空租赁的国际市场外，2016年海特高新与IAI的战略合作获得"客改货"的技术资质，面向全球开展飞机改装和技术服务业务；2018年海特高新将整机维修业务成功拓展至东南亚、东北亚国家。

综上所述，海特高新的代际传承推动了企业国际化进程，体现在企业国际化速度、国际化广度、国际化深度等方面都有较大提高；同时，海特高新的国际化扩张也是企业战略调整的重要体现（见表3.4）。

表3.4　　　　　　海特高新代际传承过程中的国际化战略选择

代际传承阶段	国际化战略选择
二代参与管理/两代共治 （2007年2月至2008年7月）	为其他无外贸资质的企业从事外贸代理活动
二代接收管理/管理权转移 （2008年7月至2014年9月）	压缩外贸代理业务；2012年收购新加坡AST公司全部股权，并在新加坡建设培训基地，进入东南亚航空培训市场；2014年在新加坡设立华新飞机租赁（新加坡）公司，进入东南亚航空租赁市场
所有权/控制权转移 （2014年9月至今）	2016年，与IAI签署B737-NG飞机客改货STC开发协议，获取B737-NG飞机客机改货机资质，公司面向全球开展飞机改装和技术服务业务、飞机改装的改装包研制业务；2016年设立华新飞机租赁（爱尔兰）公司；2017年设立华新飞机租赁（法国）公司；2018年公司整机维修业务进入东南亚、东北亚市场

资料来源：根据海特高新2004~2022年年度报告整理。

3.4　宁波圣龙（集团）有限公司①

3.4.1　公司简介

宁波圣龙（集团）有限公司（简称"圣龙集团"）创建于 1996 年，前身是 1974 年成立的宁波鄞县下应公社农机厂。1984 年，宁波鄞县下应公社农机厂由乡镇集体企业改制为股份制民营企业，罗玉龙获得企业所有权，公司主要经营农机具、风动工具及机械配件等。1996 年，圣龙（集团）有限公司注册成立，逐步进入汽车动力零部件领域。2017 年 3 月 28 日，圣龙集团旗下的汽车零部件子公司"宁波圣龙汽车动力系统股份有限公司"② 在上海证券交易所挂牌上市（简称"圣龙股份"，股票代码603178）。经过多年的发展，圣龙集团已发展为集工业、贸易、投资于一体的大型企业集团，涉及汽车零部件、环境技术、地源热泵中央空调、化工、金融投资产业，已建立以宁波为总部，中国、美国、德国、英国四国联动的全球技术中心，是福特、通用、捷豹路虎、大众、宝马、保时捷、克莱斯勒等国际客户以及上汽、吉利、江铃、广汽等国内客户的一级供应商，先后获得"国家汽车零部件出口基地企业""中国汽车零部件制造企业十强"等荣誉称号。圣龙集团旗下设有华纳圣龙（宁波）有限公司、SLW Automotive Inc.、埃美圣龙（宁波）机械有限公司、宁波沃弗圣龙环境技术有限公司、宁波圣龙浦洛西凸轮轴有限公司等多家分公司。

---

① 本案例资料来源：宁波圣龙汽车动力系统股份有限公司官网（https://sheng-long.com）；宁波圣龙汽车动力系统股份有限公司 2007～2022 年年度报告；王扬眉，吴琪，罗景涛. 家族企业跨国创业成长过程研究——资源拼凑视角的纵向单案例研究 [J]. 外国经济与管理，2019，41（6）：105 – 125。

② 该公司成立于 2007 年 4 月 17 日，是由宁波圣龙汽车零部件有限公司整体变更设立的股份有限公司。2008 年宁波圣龙汽车动力系统股份有限公司完成股份制改造。

圣龙集团是一家典型的家族企业。截至 2022 年底，创始人罗玉龙家族持有圣龙集团 100% 的股份，其中，罗玉龙持股 40%，妻子陈雅卿持股 25%，儿子罗力成持股 35%。从企业高管团队来看，三位家族成员（现任和继任者）是企业的核心领导者，担任了圣龙集团及其分公司的董事长、总经理或董事等职务，其中，罗玉龙担任圣龙集团执行董事兼总经理，圣龙股份董事长，埃美圣龙、圣龙商贸、禹舜商贸、圣龙工业、沃美环境执行董事兼总经理，沃弗圣龙、华纳圣龙董事长等职务；陈雅卿担任圣龙集团董事长助理，圣龙股份、SLW 公司、沃弗圣龙董事等职务；罗力成担任圣龙集团监事，圣龙股份副董事长兼常务副总经理，华纳圣龙、沃弗圣龙、埃美圣龙、圣龙智能董事，SLW 公司、圣龙精密、圣龙智造、圣龙股份德国经理，圣龙新能源董事长等职务。

3.4.2 代际传承过程

3.4.2.1 传承前准备阶段（2009 年 9 月之前）

罗力成，1985 年出生，为家中独子。少年时代的罗力成经常到圣龙集团，罗玉龙也着力引导儿子了解企业的业务和运作情况。耳濡目染下罗力成对机油泵、凸轮轴等专业术语并不陌生。2001 年 7 月，罗力成被任命为圣龙集团监事。2003 年，罗力成高中毕业后主动选择了与机油泵业务密切相关的自动化专业。2007 年，罗力成从北京航空航天大学自动化专业毕业，同年 9 月进入美国加州大学河滨分校电子工程专业学习。2008 年，罗力成获得硕士学位后进入圣龙集团的国际合作伙伴、世界 500 强企业之一的美国博格华纳公司，以管理实习生的身份在物流、生产工艺、产品部门等部门轮岗。通过一年的实习，罗力成对产业前沿技术和国际化工作氛围有了一定的认识和理解。

3.4.2.2 二代参与管理/两代共治阶段（2009 年 9 月至今）

　　2009 年 6 月，罗力成从美国回国加入圣龙集团，碰巧圣龙集团有意对美国博格华纳油泵事业部进行收购，罗力成便向父亲主动提出协助完成此次跨国并购任务，这一事件也成为圣龙集团启动代际传承的契机。同时，参与跨国并购任务使继承人的语言优势和专业优势得以充分发挥，加之特殊的身份使其在并购过程中发挥了普通翻译难以发挥的作用，有助于罗力成在企业内部构建权威合法性。2009 年 9 月，罗力成被任命为华纳圣龙（宁波）有限公司董事。2009 年 10 月，圣龙集团完成对美国博格华纳旗下的 SLW Automotive Inc. 的收购，罗力成被任命为 SLW 公司董事兼总裁，全面负责 SLW 公司业务整合。2012 年 4 月，罗力成担任宁波圣龙浦洛西凸轮轴有限公司董事。2012 年 9 月，罗力成担任宁波沃弗圣龙环境技术有限公司董事。2013 年 10 月，罗力成担任浦洛西圣龙（湖州）精密制造有限公司董事。2015 年 8 月，罗力成担任德国 SLPT Deutschland GmbH 经理。2017 年 11 月，罗力成担任宁波圣龙汽车动力系统股份有限公司董事兼副总经理；2020 年 11 月，罗力成担任宁波圣龙汽车动力系统股份有限公司副董事长兼常务副总经理。2022 年 2 月，罗力成担任宁波圣龙新能源汽车动力有限公司董事长。圣龙集团的传承之路还在继续，目前仍然处于两代共治阶段。

3.4.3　国际化战略

家族企业国际化经营模式包括出口贸易、合同协议、在境外设立销售机构、在境外设立研发机构、在境外新建独资企业、在境外新建合资企业、跨国并购等。借鉴王扬眉等（2019）的研究，本章将圣龙集团在境内建立合资企业作为企业国际化经营的重要模式。圣龙集团在成立两年之后即 1998 年通过合资成为天生全球化企业。

3.4.3.1　在境内建立合资企业

1998 年 6 月，圣龙集团与美国伊顿公司合资成立汽车零部件生产企业，该企业在其股东伊顿公司将股权转让给美国博格华纳后更名为华纳圣龙（宁波）有限公司，博格华纳持股 70%，圣龙集团持股 30%，总投资达 2250 万美元，主要生产发动机冷却用硅油风扇离合器、塑料风扇及水泵等，罗玉龙担任华纳圣龙董事长，圣龙集团由此走上国际化道路。2001年 7 月，圣龙集团与美国埃美（IMI）公司合资建立埃美圣龙（宁波）机械有限公司，总投资 2500 万美元，由圣龙集团控股。

2012 年 4 月，宁波圣龙汽车动力系统股份有限公司与印度 PCL（Precision Camshafts Limited）合资成立了宁波圣龙浦洛西凸轮轴有限公司，主要生产凸轮轴毛胚件，总投资 2500 万美元，圣龙股份持股 90%，印度 PCL 持股 10%。印度 PCL 是世界知名的汽车凸轮轴生产企业，客户包括福特、奔驰、宝马、通用和保时捷等。

2012 年 7 月，圣龙集团与美国地源热泵中央空调领军企业 Water Furnace 合资成立宁波沃弗圣龙环境技术有限公司，主要从事清洁能源热泵产品研发、制造和提供系统解决方案。

2013 年 10 月，宁波圣龙汽车动力系统股份有限公司与印度 PCL 合资成立浦洛西圣龙（湖州）精密制造有限公司，主要生产凸轮轴及加工件，印度 PCL 持股 60%，圣龙股份持股 40%。

3.4.3.2　在境外设立研发机构

2007 年，圣龙集团在美国设立研发中心，成立圣龙（美国）公司。

2009 年，圣龙集团并购美国 SLW Automotive Inc.，承接 SLW 公司的萨利松实验室。

2011 年，圣龙集团在美国底特律、英国利明顿设立技术中心。

2013 年，圣龙集团在德国慕尼黑设立技术中心。

3.4.3.3　跨国并购、在境外直接投资建厂

2009 年 10 月，圣龙集团以 1599.4 万美元的价格收购美国博格华纳旗下 SLW Automotive Inc. 90% 的股份，接手 SLW 公司的先进技术、生产工厂和全球市场，成为宝马、通用、福特等高端品牌的一级供应商，进入汽

车油泵产品国外中高端市场。SLW 公司原系博格华纳集团的子公司，是全球最大的汽车油泵制造商。

2014 年，圣龙集团在美国设立五个加工中心。

2015 年，圣龙集团在印度普纳设立生产基地。

3.4.4　代际传承过程中的国际化战略选择

圣龙集团的国际化扩张从二代进入开始逐渐发生变化，企业国际化速度、国际化广度和国际化深度等明显提升。圣龙集团的二代参与管理/两代共治阶段始于 2009 年 9 月。2009 年 6 月，罗力成从国外回归家族企业，协助父亲参与圣龙集团对美国 SLW 公司的收购，并主要扮演翻译和沟通角色。2009 年 10 月，罗力成担任美国 SLW 公司总裁，全面负责公司业务整合；聘请本地职业经理人全权打理公司业务，注入大量资金对公司研发端进行升级改造，在底特律购置大楼成立新技术中心，进一步推动了企业国际化进程。此外，罗力成主管地源空调业务以来，2012 年 7 月促成了圣龙集团与美国 Water Furnace 公司签署合资协议，成立宁波沃弗圣龙环境技术有限公司。

3.5　新希望集团有限公司

3.5.1　公司简介

新希望集团有限公司（以下简称"新希望集团"）1982 年由刘永言、刘永行、陈育新（刘永美）和刘永好四兄弟创建。1992 年希望集团注册成立。1994 年 6 月，刘永好整合南方希望集团的资产，在四川成立了四川新希望集团有限公司。1996 年底，新希望集团成立。新希望集团是一家以现代农牧与食品产业为主营业务的企业集团。在 40 年的发展历程中，新希望集团立足农牧行业并不断向上、下游产业延伸，形成农牧食品、乳品快消、智慧城乡、金融投资等相关产业，在全球拥有分（子）公司超过600家，员工超13.5万人，集团资产规模超3400亿元，2022年销售收入超2700亿元①。"新希望六和股份有限公司"（股票代码000876，原名为四川新希望农业股份有限公司）、"新希望乳业股份有限公司"（股票代码002946）均为新希望集团旗下的上市公司。

新希望集团是一家典型的家族企业。在新希望集团的股权结构中，截至2021年底，刘永好持股90.586%，刘畅持股9.088%，李巍持股0.326%，其中，刘永好和刘畅是父女关系，刘永好和李巍是夫妻关系。新希望集团的实际控制人为刘永好，刘永好家族持有新希望集团100%的股份。在新希望集团的董事会成员中，创始人刘永好担任新希望集团董事长，女儿刘畅担任新希望集团董事、新希望六和股份有限公司董事长、南方希望实业有限公司董事、新希望乳业股份有限公司董事等职务②。

3.5.2　代际传承过程

3.5.2.1　传承前准备阶段（2002年～2011年11月）③

刘畅，1980年出生，16岁到美国求学，2002年回国后的刘畅对家族企业的接班意愿不强，进入北京金锣广告公司，主要从事品牌宣传和项目策划工作，建立了对品牌的最初认识。同年，刘畅进入新希望集团为接班做准备，先后担任四川新希望农业控股有限公司办公室主任、新希望乳业控股有限公司办公室主任。

2004年，刘畅离开新希望集团尝试自主创业，在成都开了一家饰品

---

① 资料来源：新希望集团官方网站（www.newhopegroup.com）。
② 资料来源：新希望六和股份有限公司2021年年度报告。
③ 此部分资料来源：杨芳，李阳. 凤凰网财经封面独家 | 80后女富豪刘畅回应被父亲雪藏十年 ［EB/OL］. （2019－09－03）［2023－05－21］. https://baijiahao.baidu.com/s?id=164362 0660407916842&wfr=spider&for=pc；新希望六和股份有限公司2012年年度报告。

店，但这次创业没有成功。刘畅认识到自己的不足，决定进入北京大学
EMBA 的课堂，系统学习企业管理知识。

2006 年，在北京大学完成 EMBA 学业后，刘畅重新回归家族企业，
担任新希望集团房地产事业部的副总经理，负责上海的房地产业务，同时
开始了家族企业内部创业。2008 年，刘畅将工作的重心转移到扩展海外
业务，组建新希望集团在新加坡的海外投资总公司，并担任公司董事长，
全面负责一切海外投资事项。

2011 年，刘永好在全国"两会"期间主动在媒体发布会上将刘畅介
绍给媒体，刘畅首次出现在公众视野。

3.5.2.2　二代参与管理/两代共治阶段（2011 年 11 月至今）①

新希望六和股份有限公司（以下简称"新希望六和"）②，前身是
1998 年创立的四川新希望农业股份有限公司，该公司于 1998 年 3 月 11 日
在深圳证券交易所发行上市。2005 年四川新希望农业股份有限公司与成
立于山东的六和集团③强强联合，2011 年资产重组获中国证监会批准，公
司更名为新希望六和股份有限公司。2011 年 11 月，新希望六和股份有限
公司股东大会修改了董事会章程，董事会人数由 9 人增加到 11 人，其中
独立董事和非独立董事各新增 1 人，刘畅通过选举顺利进入新希望六和董
事会，自此刘畅正式进入新希望集团。

2013 年 5 月 22 日，刘永好辞去新希望六和董事长的职位，但仍保留

---

①　此部分资料来源：新希望六和股份有限公司 1999～2021 年度报告。

②　新希望六和股份有限公司的法人代表是刘畅，2021 年公司销售收入 1263 亿元，控股分
子公司 800 余家，员工超过 8 万人。

③　山东六和集团成立于 1995 年，是一家由饲料生产发展起来的大型农牧业龙头企业。根据
2010 年中国饲料企业排行榜，新希望集团与山东六和集团分列第一和第二位。2005 年 2 月 28 日，
南方希望从山东六和集团个人股东张唐芝、张效成、黄炳亮手中分别受让了山东六和集团 36%、
2.95%、2.95% 的股权，合计持有山东六和集团 41.90% 的股份，成为其大股东，刘永好任山东
六和集团董事长。2006 年南方希望从股东张效成处再次受让 3.22% 的股份，持股比例上升至
45.12%。2011 年新希望通过定向增发的方式购买了山东六和集团有限公司 100% 的股权，山东六
和集团由此成为了新希望全资子公司。

董事席位，由刘畅接任新希望六和董事长一职。为了让刘畅顺利接班，刘永好搭建了一新老结合的双核班底，由熟悉新希望并曾出任山东六和集团总裁的管理学教授陈春花[①]担任联席董事长兼首席执行官，并辅之以黄代云、王航等"老人"。刘永好对刘畅、陈春花进行了明确清晰的定位安排。刘畅更多地关注董事会的运作，关注重要战略合作伙伴关系发展和国际化战略，做好集团的文化建设工作。陈春花主要关注经营策略调整和一些新的转型业务。2016 年 5 月，陈春花卸任新希望六和联席董事长兼首席执行官，将指挥棒交给了刘畅。

在新希望六和的股权结构安排中，新希望集团有限公司直接持有新希望六和股份有限公司 25.08% 的股份；同时，通过南方实业有限公司间接持有新希望六和股份有限公司 15.0349% 的股份。刘永好家族共持有新希望六和 40.1149% 的股份，刘永好为新希望六和的第一大股东和实际控制人。

3.5.3 国际化战略[②]

3.5.3.1 海外投资建厂

早在 1996 年，新希望集团就开始了国际化探索，派人到越南市场进行考察；1997 年，刘永好又派人到缅甸考察在当地投资建设饲料工厂的可能性。1999 年，新希望集团在越南胡志明市投资建设了第一家饲料工厂——胡志明市新希望饲料有限公司。2000 年 4 月，新希望以相同的模式在越南河内市又建了一家饲料工厂。2001 年，新希望在菲律宾投资开办了饲料工厂。2006 年，新希望集团通过了 5 个新的饲料投资项目，其中 3 个为东南亚和南亚的投资项目，包括：在孟加拉国达卡建立全资子公司、在印尼雅加达和泗水两地各新建 1 个年产 20 万吨的饲料项目。到 2008

---

① 陈春花 2003 年 3 月至 2004 年 12 月担任山东六和集团总裁。
② 资料来源：新希望集团官方网站（www.newhopegroup.com）、新希望六和股份有限公司 2015 年度和 2016 年度报告。

年，新希望集团已在越南、菲律宾、孟加拉国、印度尼西亚等国建立了12家海外分公司。此后，新希望集团在海外十几个国家建厂，生产禽畜、水产饲料产品。到2012年，新希望集团的海外工厂已扩展至24家。

新希望集团进入发展中国家饲料行业主要采取新建生产地的方式，首先进军东南亚国家，在东南亚海外投资积累一定经验后，逐渐扩展到非洲、欧洲、美洲建立饲料工厂。

3.5.3.2 跨国并购

2011年，新希望集团联合华奥物种科技有限公司，出资约2亿美元控股新西兰农业服务公司PGG Wrightson 50.1%的股权。这是新希望集团首次在海外以并购的方式进行的国际化扩张。PGG Wrightson是新西兰最大的农业服务公司，主要经营农资、畜牧业等，其草种业务位居南半球第一。PGG Wrightson在新西兰有130多个农资服务超市，年销售额为10亿多新西兰元。

2013年，新希望集团和新希望产业基金以人民币5亿元收购了澳大利亚大型牛肉加工商Kilcoy畜牧业公司（KPC）。KPC成立于1953年，位于昆士兰州阳光海岸基尔科伊镇（KILCOY），是澳大利亚最大的牛肉加工和出口商之一，拥有员工750多名，每年可加工26余万头谷饲牛。收购KPC后，新希望集团对其进行了改造、扩建，将加工产能扩大到48万头，2016年底完成了改造并使其成为澳大利亚第二大屠宰加工企业。

2014年，新希望集团旗下的厚生投资完成了对美国伊利诺伊州芝加哥Ruprecht公司的收购。Ruprecht公司成立于1860年，是一家中高端食品深加工企业，利用分子料理技术生产各类牛肉、鸡肉及海鲜产品，为客户提供高质量的即食包装食品，公司主要客户包括美国中高端超市及知名餐饮企业。

2015年，新希望集团旗下的新希望乳业股份有限公司与Moxey家族牧场、Perich集团及澳大利亚Freedom Foods Group合资成立了"澳大利亚鲜奶控股有限公司"，新希望乳业股份有限公司持有最大股份。合资公司以奶牛规模化、专业化养殖产业为基础，并将在该领域的产业链上下游进行投资。

2015 年，新希望六和股份有限公司投资人民币 8 亿元，收购了美国著名饲料原料贸易商蓝星贸易集团有限公司 20% 的股权。美国蓝星公司是美国独立的粮食及大宗商品贸易企业，成立于 1922 年，在北美地区具有区域性领导地位。依托先进的物流和信息技术，美国蓝星公司专注于大宗商品的实物交易，业务主要聚焦在粮食贸易、饲料原料贸易、能源产品贸易三大板块。

2016 年，新希望集团旗下的草根知本集团①全资收购澳大利亚保健品品牌 ANC（Australian Natural Care）。ANC 主要经营维生素、膳食补充剂、天然生活用品等产品。ANC 目前的 119 个自主品牌产品均获得了澳洲政府 TGA 审批。草根知本对 ANC 收购后，将继续保留 ANC 的本土化经营理念，保留 ANC 高管及品牌经营模式，坚持产品的原产地生产，同时进行更加适合中国人体质的新产品研发和在中国的渠道化建设。

2017 年，新希望集团作为第一大股东，联合厚生投资、新加坡主权投资公司淡马锡、中投海外直接投资有限公司、启承资本等投资机构，收购了澳洲宠物食品公司 Real Pet Food Company。Real Pet Food Company 是澳大利亚本土最大、澳新市场第二大的宠物食品企业，拥有丰富的宠物食品品牌组合，尤其在宠物冰鲜粮和天然粮领域，已经成为了全球最大的宠物冰鲜粮生产商。

3.5.4 代际传承过程中的国际化战略选择②

新希望集团的国际化战略从二代进入开始逐渐发生变化，尤其是在刘

---

① 草根知本集团是由刘永好、王航和席刚在 2015 年联合创立的产业投资平台，秉持"优选全球"的理念，以实现"健康中国，便利生活"为目标，从乳业出发，逐渐覆盖高端健康食品、O2O、移动互联、冷链物流、健康医疗、跨境电商等。

② 此部分资料来源：新希望集团官方网站（www.newhopegroup.com）、新希望六和股份有限公司 2015 年度和 2016 年度报告。

畅担任新希望六和董事长后开展了多起跨国并购，并继续在国外建立多家子公司，加快了新希望集团的国际化步伐。2008 年，刘畅组建并出任新希望集团在新加坡的海外投资总公司董事长，全面负责一切海外投资事项。2013 年，新希望集团将国际化正式确立为集团发展的重要战略之一；同年，新希望收购澳洲知名牛肉加工和出口商 Kilcoy，获得高端牛肉产品资源。2014 年，新希望收购美国伊利诺伊州芝加哥公司 Ruprecht。2015 年，新希望乳业与 Moxey 家族、Perich 集团及澳大利亚 Freedom Food Group 合资成立了"澳大利亚鲜奶控股有限公司"。2015 年，新希望六和股份有限公司投资人民币 8 亿元，收购了美国饲料原料贸易商蓝星贸易集团有限公司 20% 的股权。2016 年，新希望六和新股份有限公司在海外设立了新希望印度尼西亚食品有限公司、新希望农业科技尼日利亚有限公司；同年，新希望集团旗下的草根知本集团全资并购澳大利亚保健品品牌 Austrial Natural Care。2017 年，新希望集团作为第一大股东，联合多家投资机构，收购了澳洲本土宠物食品公司 Real Pet Food Company。

3.6　案例发现

3.6.1　进入代际传承阶段的家族企业更倾向于选择国际化战略

家族企业的代际传承是一个长期持续的过程，以管理权和所有权传承为标志，家族企业代际传承过程可以划分为二代参与管理/两代共治、二代接收管理/管理权转移、所有权/控制权转移等不同阶段（李卫宁等，2015；范作冰和王婷，2018；严若森等，2021）。与未发生代际传承的家族企业相比，进入代际传承阶段（二代参与管理/两代共治、二代接收管理/管理权转移、所有权/控制权转移阶段）的家族企业更倾向于选择国际化战略；同时，与两代共治阶段的家族企业相比，处于管理权转移阶段的家族企业更倾向于选择国际化战略。原因主要有以下几点：第一，企业国际化经营活动是一项利润与价值创造活动（Tongli et al.，2005；Tsao & Lien，2013；周立新，2019），与未发生代际传承的家族企业相比，处于两代共治阶段的家族企业加强国际化经营活动，可以让二代继承人接班后迅速获得回报，帮助二代继承人尽快构建权威合法性，以弥补中国家族企业二代继承人合法性不足的劣势（李新春等，2015）；第二，在管理权转移阶段，掌握管理权的二代继承人已经在家族企业内部建立一定的权威合法性，二代继承人能够积极发挥自身的知识和能力优势，这会直接增加家族企业国际化资源池，使二代继承人更倾向于做出有利于家族企业持续发展的国际化战略决策；第三，在控制权转移阶段，二代继承人具有更大的自由裁量权，从而二代继承人实施国际化战略的权力及合法性较高，同时所有者与管理者的目标与利益并与家族企业的目标与利益也更加一致，这会降低家族企业国际化经营活动的代理成本，进而促进家族企业国际化扩张。在海特高新案例中①，2008 年 7 月李飚担任公司董事长以来，2012 年收购了新加坡 AST 公司全部股权，在新加坡建设培训基地，进入东南亚航空培训市场；2014 年设立华新飞机租赁（新加坡）公司，进入东南亚航空租赁市场。2014 年 9 月李飚成为公司控股股东和实际控制人以来，除了继续拓展航空培训、航空租赁国际化业务外，2016 年通过与 IAI 的战略合作获得"客改货"的技术资质，开拓航空维修国际化业务；2018 年更是将整机维修业务成功拓展至东南亚和东北亚国家。企业国际化广度和国际化速度等明显提升。

3.6.2　家族二代管理权对家族企业国际化有积极作用

家族企业代际传承是所有权、管理权、企业家隐性知识和社会资本等家族专用性资产的代际传承。从管理权传承来看，家族二代管理权有助于

---

① 处于两代共治阶段的海特高新国际化步伐较为保守，这与海特高新两代共治时间很短可能存在紧密关系。

家族企业国际化扩张。主要原因是，与创始人相比，二代继承人接受过更好和更正规的教育，拥有海外学习或工作经历。这些经历可以给继承人带来更具包容性和开放性的思想、国际视野、全新的经营理念、更加丰富的管理知识、行业知识和国际市场知识（Fernández & Nieto，2005），提升其探索国际市场机会、抗风险以及处理国际复杂性事务的能力（Giannetti et al.，2015），从而促进家族企业国际化扩张。同时，中国家族企业的二代继承人权威合法性不足（李新春等，2015），实施国际化战略可以让二代继承人接班后迅速获得回报，显示其能力合法性，因此家族二代管理权有助于家族企业国际化扩张。海特高新、圣龙集团、新希望集团案例实证了家族二代管理权对家族企业国际化的积极效应。

3.6.3 采取渐进式传承的家族企业更倾向于选择国际化战略

根据在位者与继承人的属性，家族企业代际传承模式包括渐进式传承、创业/共演式传承和激进式传承三种不同模式（Shi et al.，2019）。在渐进式传承模式下，二代继承人在接班前已经在家族企业拥有一定的工作经历，更容易理解企业文化和企业战略（Wiersema，1992；万希，2007），因此对家族企业的认同度较高，进而能够提升继承人的风险承受能力（Sieger et al.，2013；陈灿君和许长新，2021）；而二代继承人在经过长期考核后进入企业决策层，更容易建立个人权威（Barach & Ganitsky，1995；邹立凯等，2019），因此在进行风险决策时更容易得到家族成员、企业管理层和员工等的认可与支持（窦军生等，2020），从而更愿意选择高风险的国际化战略；同时，渐进式传承模式下，创始人能够有针对性地将自身拥有的知识、技能、个人和商业网络传递给二代继承人，创始人还能够通过传承计划安排使二代继承人具备与企业现有业务相关的知识和技能；此外，渐进式传承有助于二代继承人平稳地获得权威合法性（Barach & Ganitsky，1995；邹立凯等，2019），提升其资源调配能力。从而使继承人更有能力推动并贯彻落实国际化战略决策。

海特高新、圣龙集团、新希望集团的领导权和控制权传承采取了渐进式传承模式，创始人通过传承计划安排使二代继承人继承了父辈的创新创业精神，积累了与家族产业密切相关的技术知识、管理知识和国际市场知识，也在与创始人/企业家、员工、客户和政府的互动中积累了社会资本，最终在家族企业内外部成功构建了继承人的权威合法性，从而使继承人更有意愿和能力推动并贯彻落实国际化战略决策。

3.6.4 继承人的人力资本、社会资本对家族企业国际化有积极作用

继承人的人力资本是家族企业国际化的重要资源基础。在海特高新案例中，李飚曾从事涉及航空器材、卫星地面接收站和家用电器等的工作，1991 年与父亲一道共同创办了海特高新，参加过清华大学 MBA 等培训，先后担任海特高新电子经营部经理、市场部总监等职，具有较丰富的行业经验和市场敏感度。因此，在继承管理权后，李飚首先选择了国际市场进入难度相对较低的航空培训业务和航空租赁业务，并主要面向东南亚客户。在圣龙集团案例中，继承人罗力成先后在北京航空航天大学自动化专业、美国加州大学河滨分校电子工程专业学习，这两个专业与家族产业密切相关，毕业后在美国博格华纳公司实习一年，并作为翻译直接参与了圣龙集团对 SLW 公司的收购，积累了较丰富的专业知识和实践知识，具有广阔的国际视野和国际化的管理理念，有助于罗力成识别和开发国际市场机会。比如，罗力成作为 SLW 公司总裁在底特律购置大楼设立新技术中心、聘请本地职业经理人打理企业，进一步推动了企业国际化进程。在新希望集团案例中，继承人刘畅 14 岁到美国求学，回国后进入父亲的公司历练，先后担任新希望乳业控股有限公司办公室主任、新希望集团乳业事业部副总经理职位，后参加北京大学 EMBA 的课堂学习，组建乳业和海外板块，曾获 "2016 年十大经济人物提名奖" "2017 中国十大优秀青年企业家" "安永企业家奖" 等荣誉称号。多年的海外求学经验和国际化视

野，以及较丰富的专业知识和实践知识，刘畅自然成为新希望海外投资公司最高决策者之一，也有助于刘畅识别和开发国际市场机会。

继承人社会资本对家族企业国际化具有积极促进作用。社会资本被定义为个人或社会单位拥有的关系网络，以及嵌入在该网络中，通过该网络获得和衍生的实际和潜在资源的总和（Nahapiet & Ghoshal，1998）。二代继承人通常拥有来自传承人及其家族的、前任管理者的以及自身创建的多重社会资本（孙秀峰等，2019）。继承人社会资本有助于继承人构建权威合法性，并能够使继承人将来自家族成员、关键利益相关者和长期合作伙伴网络中的信息和知识整合到家族企业国际化经营活动之中，直接增加家族企业国际化经营活动的资源池。在海特高新案例中，创始人李再春非常重视社会资本的积累和代际传递，早在 2006 年就有计划地安排继承人李飚承担一些重要的社会职务。丰富的社会资本有助于李飚构建权威合法性，并直接增加海特高新国际化经营活动的资源池，进而促进海特高新国际化扩张。在圣龙集团案例中，继承人罗力成获得硕士学位后进入国际合作伙伴美国博格华纳公司实习，在国际关系网络中率先捕捉到美国博格华纳公司想要剥离下属工厂的讯息，回国后助力创始人和并购团队以合适的价格完成对美国博格华纳公司的收购，受到家族和企业管理层的高度认可。

3.7 结论与讨论

3.7.1 研究结论

本章在整合家族企业代际传承与国际化关系研究成果的基础上，运用探索性多案例研究方法，选取 3 家典型家族企业——四川海特高新技术股份有限公司、宁波圣龙（集团）有限公司、新希望集团有限公司，梳理了三家家族企业的代际传承过程、国际化战略以及代际传承过程中的国际化战略选择，以揭示家族企业代际传承对国际化的影响机制，主要研究结论如下：第一，与未发生代际传承的家族企业相比，进入代际传承阶段（二代参与管理/两代共治、二代接收管理/管理权转移、所有权/控制权转移阶段）的家族企业更倾向于选择国际化战略；同时，与两代共治阶段的家族企业相比，处于管理权转移阶段的家族企业更倾向于选择国际化战略。第二，家族二代管理权对家族企业国际化有积极作用。第三，采取渐进式传承模式的家族企业更倾向于选择国际化战略。第四，继承人的人力资本（教育背景、行业与企业工作经历）和社会资本对家族企业国际化有积极作用。

3.7.2 研究意义

本章研究的理论意义是：拓展和丰富了家族企业代际传承与国际化关系研究文献。本章选择四川海特高新技术股份有限公司、宁波圣龙（集团）有限公司、新希望集团有限公司进行案例研究，关注案例企业的代际传承过程、国际化战略、代际传承过程中的国际化战略选择，重点从传承阶段、传承内容、传承模式和继承人特征（人力资本、社会资本）四个方面，探讨了家族企业代际传承对国际化的影响机制，成果丰富和发展了家族企业代际传承与国际化关系研究文献。

本章研究结论对家族企业管理实践具有重要启示：第一，家族企业创始人要选择与代际传承阶段相匹配的继承人培养模式。在代际传承准备阶段，创始人应进行思想引导，通过分享创业故事和价值观等，使二代继承人尽早了解企业，见证企业成长过程；同时，创始人要主动与二代继承人分享经营管理经验，建立二代继承人对企业的情感。在二代参与管理/两代共治阶段，创始人要尽力扶持二代继承人，帮助二代继承人尽快构建权威合法性；同时，创始人与二代继承人之间要加强沟通，有效化解代际冲突。在二代接收管理/管理权转移阶段，二代继承人要善于运用情感关怀化解创始人因权威失落而对企业权力的留恋；同时，二代继承人要努力将前期学习和积累的知识和经验转化为企业竞争优势，以巩固自身的合法性地位。第二，家族企业创始人要合理制定传承计划，重视家族管理权（事业）传承，让二代继承人承担企业管理的重任，充分发挥家族二代管理权对家族企业国际化的积极效应。第三，家族企业创始人应尽可能选择二代渐进式传承模式，在渐进式传承过程中有针对性地将自身拥有的隐性知识和社会资本等家族资产传递给二代继承人，帮助二代继承人尽早建立权威合法性，充分发挥二代渐进式传承模式对家族企业国际化的积极作用。第四，家族企业创始人要重视家族社会资本的代际传承。家族社会资本的传承贯穿于家族企业的整个传承活动之中，因此创始人要有意识地帮助二代继承人接触到其创立的各种社会关系网络，二代继承人也应重视与家族企业关键利益相关者的交流和互动，积极积累自身的社会资本，并有意识地调用社会资本来建立社会合法性、增加家族企业国际化的资源与能力。

3.7.3　研究局限性与展望

本章研究的局限性主要体现在以下两个方面：第一，本章仅仅选取三家案例企业进行研究，其中，海特高新、新希望集团为逐步国际化家族企业，圣龙集团在成立两年之后，通过合资成为天生国际化家族企业；同时，三家企业均采取渐进式传承模式，缺少采取激进式传承模式等家族企业的案例样本；此外，三家企业规模较大、实力较强，这在整个中国的家族企业中并不具有普遍性。因此本章结论的普适性仍然需要谨慎对待。第二，由于家族企业代际传承与国际化过程的复杂性，本章仅仅简要地分析了传承阶段、传承内容（管理权传承）、传承模式（渐进式传承模式）和继承人特征（人力资本、社会资本）对家族企业国际化的直接影响，未能深刻地探讨国内外制度环境等如何影响家族企业代际传承与国际化之间的关系。

因此，未来研究中可进一步增加激进式传承家族企业以及中小家族企业等案例样本，或采用大样本数据和计量分析方法，以进一步实证本章研究所得出的结论；同时，未来研究中需要深入探讨国内外制度环境等因素对家族企业代际传承与国际化关系的作用机制。此外，企业国际化是一个长期持续的过程，未来需要对案例企业进行长时段的跟踪调查和研究。

第4章

代际传承意愿对家族企业
国际化的影响研究

4.1　引言

改革开放以来，家族企业在推动中国经济发展、促进劳动力就业和税收增长等方面发挥了重要作用〔中国民（私）营经济研究会家族企业研究课题组，2011〕。当前，我国家族企业在供给侧结构改革大背景下的经营状况不容乐观（李秀娟和张燕，2017），家族企业正面临着传统产业与企业转型升级、高质量发展变革的挑战；同时，中国家族企业也正在进入代际传承的高峰时期。如何利用代际传承契机引导中国家族企业"走出去"，进而实现家族企业转型升级与持续成长，具有重要现实意义。

传承意愿是衡量家族企业主希望将企业传承给家族成员的态度，也反映了家族企业主的传承计划与安排。基于权力要素传承视角，本章将家族企业主的代际传承意愿区分为三种不同类型：家族所有权传承意愿，即仅意图传承家族所有权、管理权对外开放；家族管理传承意愿，即仅意图传承家族管理权、所有权对外开放；家族所有权与管理权同时传承意愿，即意图同时传承家族所有权与管理权。随着企业经营环境的改变以及新一代企业家群体的成长，越来越多的中国家族企业表现出不愿意在家族内部传承的想法（宋丽红和李新春，2013），而家族所有权传承意愿在家族企业传承计划与安排中占据突出地位。根据课题组2020年对重庆、浙江、山东、上海、江苏、广东、江西七省市家族企业的问卷调查，在253个样本家族企业中，具有家族所有权传承意愿的家族企业占样本总量的13%，具有家族所有权与管理权同时传承意愿的家族企业占样本总量的51.4%，具有家族管理权传承意愿的家族企业仅占样本总量的4.3%。

家族代际传承意愿是家族企业区别于非家族企业最显著的特征，也是家族企业所追求的社会情感财富目标之一（Berrone et al.，2012）。社会情感财富（socioemotional wealth）就是"家族所有者从企业获得的非经济收益"（Gómez-Mejía et al.，2007）。家族企业社会情感财富具有不同的结构维度（Berrone et al.，2012），例如，约束型社会情感财富（如家族控制）和延伸型社会情感财富（家族代际传承意愿）两种不同类型（Miller & Le Breton-Miller，2014）。不同类型社会情感财富对家族企业国际化的影响不同。重视约束型社会情感财富不利于家族企业开展国际化经营活动（Gómez-Mejía et al.，2010；Pukall & Calabrò，2014），而重视延伸型社会情感财富则有助于家族企业国际化扩张（周立新，2016）。尽管极少数学者注意到了家族代际传承意愿对家族企业国际化战略的影响，但倾向于将家族代际传承意愿作为一个整体概念来看待（周立新，2016），没有进一步探讨不同类型的代际传承意愿对家族企业国际化的影响及其差异性问题。

本章拟利用2020年8～11月对重庆、浙江等7省（直辖市）家族企业的问卷调查数据，研究三种不同类型的代际传承意愿对家族企业国际化的影响，对于指导我国家族企业代际传承计划与安排以及国际化战略选择具有重要启示意义。

4.2 理论分析与研究假设

4.2.1 家族所有权传承意愿对家族企业国际化的影响

家族所有权传承意愿对家族企业国际化会产生消极影响。第一，仅意图传承家族所有权的家族企业仅将家族后代视为投资者，更加重视追求企业短期利益，偏向短期导向。即使非家族管理者具有长期发展的规划和目标，但重视企业短期回报的股东也会给非家族管理者施加压力，限制非家族管理者对长期目标的追求。因此这类家族企业会较少选择具有长期导向和高风险特征的国际化战略。第二，仅意图传承家族所有权的家族企业倾向于选择两权分离的公司治理结构，为确保家族企业交接班的顺利进行，家族企业主可能会雇用职业经理人担任企业 CEO 或高管。与家族经理相比，职业经理人更加看重企业短期利益，偏向短期导向（严若森和赵亚莉，2022）。因此，雇用职业经理人的家族企业较少选择具有长期导向特征的国际化战略。同时，两权分离的公司治理结构会导致第一类代理问题，增大家族企业国际化经营活动的代理成本。因此本书提出以下研究假设：

H4.1：家族所有权传承意愿对家族企业国际化具有显著负向影响。

4.2.2 家族管理权传承意愿对家族企业国际化的影响

家族管理权传承意愿对家族企业国际化会产生积极作用。第一，家族管理权传承意愿反映了控制家族持续经营企业的意愿（何轩等，2014），仅意图传承家族管理权的家族企业倾向于任命家族成员担任企业 CEO 或高管。与职业经理人相比，家族经理任期更长。家族经理长任期传递了家族企业长期发展的信号，此时家族经理在国际化战略决策中的机会主义行为更少，家族企业可以把更多的资源投入国际化经营活动之中。对控制家族而言，家族企业长期发展的信号，也意味着家族企业不仅仅是一项可以用于消费的资产，更是向家族后代延续的家族遗产和传统。因此，具有家族管理权传承意愿的家族企业更加重视企业长期利益，偏向长期导向，倾向于选择具有长期导向特征的国际化战略。第二，家族管理权传承意愿越强，表明家族企业主更意向家族后代涉足企业管理。与父辈相比，家族后代通常接受过更正规的教育，并具有更多的外部经验（Kelly et al.，2000）。当这些家族后代进入家族企业工作时，会给家族企业带来新的经营理念、行业知识、全球化视野和国际化知识，在一定程度上减轻家族股东对企业国际化这种冒险事业的担心，减少家族股东与非家族股东之间在国际化经营活动方面的信息不对称，增强家族企业识别国际市场机会的能力，降低家族企业国际化经营活动的成本，推动家族企业国际化扩张（梁强等，2016）；同时，家族后代比父辈更加注重商业关系网络的构建（赵晶等，2015）。商业关系网络会给家族企业带来不同的行业知识、技术知识、新客户资源和新渠道资源等，这些外部资源能够帮助企业实施以前由于缺乏资源或惰性而受到限制的国际化经营活动（Lin & Liu，2012）。第三，仅意图传承家族管理权的家族企业倾向于引入外部投资者，外部投资者引入有助于优化家族企业治理结构；同时，家族管理权传承意愿越强，家族企业越可能在企业内部建立非人格化的、正式的家族治理制度（李新春等，2018）。正式的企业治理和家族治理制度是家族企业实施国际化战略的制度保障，有助于降低家族企业国际化经营活动的代理成本和交易费用，促进家族企业国际化扩张。因此本书提出以下研究假设：

H4.2：家族管理权传承意愿对家族企业国际化具有显著正向影响。

4.2.3 家族所有权与管理权同时传承意愿对家族企业国际化的影响

家族企业主仅意图传承家族管理权有助于促进家族企业国际化扩张。

但是，仅意图传承家族管理权的家族企业倾向于引入外部投资者，这会增大家族企业所有者与管理者之间的利益冲突和代理成本。当家族企业主意图同时传承家族所有权与家族管理权时，预示着家族企业更加强调所有者与管理者的一致性，所有者与管理者的目标和利益也更加一致，并与家族企业的目标和利益紧密相连，这会增大家族所有者对非家族管理者的监督，有效遏制非家族管理者的短视行为和利益攫取行为，降低家族企业国际化经营活动的代理成本，促使家族企业选择具有长期导向特征的国际化战略。因此本书提出以下研究假设：

H4.3：家族所有权与管理权同时传承意愿对家族企业国际化具有显著正向影响。

4.3 研究设计

4.3.1 样本与数据来源

本章数据来源于课题组 2020 年 8～11 月对重庆、浙江、山东、上海、江苏、广东、江西七省（市）253 家具有国际业务（出口、境外投资等）的样本家族企业的问卷调查数据。样本与数据收集的具体情况见 1.3.2 小节。

4.3.2 变量测量

4.3.2.1 被解释变量

对国际化的测量，借鉴了卡福罗斯等（Kafouros et al.，2012）、王益民等（2017）的研究，采用国际化深度、国际化广度和国际化速度三类指标。(1) 国际化深度 (DEPT),定义为 2019 年企业出口销售收入占总销售收入的份额;(2) 国际化广度 (BREA),定义为企业国际化所涉及的国家数量,取自然对数;(3) 国际化速度 (SPEE),定义为企业国际化所涉及的国家数量除以企业首次国际化扩张至 2019 年以来的年份数。

4.3.2.2 解释变量

对代际传承意愿的测量,采用家族所有权传承意愿 (SU_O)、家族管理权传承意愿 (SU_M)、家族所有权与管理权同时传承意愿 (SU_OM) 三类指标,并采用虚拟变量来测量。

4.3.2.3 控制变量

本章选择了一些可能影响家族企业国际化的相关变量,包括企业规模、企业年限、产业类型、企业绩效、家族所有权、国际化经验、企业主性别和地区。(1) 企业规模 (SIZE),定义为企业 2019 年末资产总额,取自然对数;(2) 企业年限 (AGE),定义为企业经营年限,取自然对数;(3) 产业类型 (INDU),制造业定义为 1,其他行业为 0;(4) 企业绩效 (PERF),包括与同行主要竞争对手相比,近 3 年企业的销售增长率、利润水平、市场占有率和投资收益率 4 个测量题项,采用从 "1 很差" 到 "5 很好" 的李克特五点量表度量,量表的 Cronbach'α 为 0.876;(5) 家族所有权 (FO),定义为企业主及企业主的家族成员持有的企业股份比例;(6) 国际化经验 (EIE),企业主或高管 (副总以上) 具有海外留学或工作经历定义为 1,否则为 0;(7) 企业主性别 (GEN),男性定义为 1,女性为 0;(8) 地区 (AREA),东部地区 (浙江、山东、上海、江苏、广东) 定义为 1,中西部地区 (重庆、江西) 为 0。

4.4 实证分析结果

4.4.1 变量的描述性统计与相关性分析

表4.1 对主要变量进行了描述性统计。结果显示：国际化深度（DEPT）的平均值为0.469、标准差为0.372，国际化广度（BREA）的平均值为1.539、标准差为1.050，国际化速度的平均值为1.248、标准差为2.520，说明样本家族企业国际化深度、广度和速度差异较大，尤其是国际化广度和国际化速度差异很大；家族所有权传承意愿（SU_O）的平均值为0.130、标准差为0.337，家族管理权传承意愿（SU_M）的平均值为0.044、标准差为0.204，家族所有权与管理权同时传承意愿（SU_OM）的平均值为0.514、标准差为0.501，即仅意图传承家族所有权的家族企业占样本总量的13.0%，意图同时传承家族所有权与管理权的家族企业占样本总量的51.4%，仅意图传承家族管理权的家族企业仅占样本总量的4.40%。这表明家族所有权传承意愿在当前中国家族企业传承计划与安排中占据突出地位。相关分析显示：家族企业国际化深度、广度和速度与家族所有权传承意愿之间显著负相关（$p < 0.10$），家族企业国际化深度、广度和速度与家族管理权传承意愿之间显著正相关（$p < 0.10$），家族企业国际化深度和广度与家族所有权与管理权同时传承意愿之间显著正相关（$p < 0.05$）。下文回归分析部分将对变量之间的关系做进一步检验。

4.4.2 假设检验

代际传承意愿对家族企业国际化深度、广度、速度的影响分析分别如表4.2～表4.4所示。

表 4.1

描述性统计分析与相关系数

变量	均值	标准差	DEPT	BREA	SPEE	SU_O	SU_M	SU_OM	SIZE	AGE	INDU	PERF	FO	EIE	GEN
DEPT	0.469	0.372	1												
BREA	1.539	1.050	0.298	1											
SPEE	1.248	2.520	0.117$^+$	0.553	1										
SU_O	0.130	0.337	-0.104$^+$	-0.176$^+$	-0.118$^+$	1									
SU_M	0.044	0.204	0.140*	0.172**	0.106$^+$	-0.083	1								
SU_OM	0.514	0.501	0.179**	0.145*	0.046	-0.398***	-0.219	1							
SIZE	8.943	2.145	-0.099	0.151*	0.018	-0.064	-0.056	0.160*	1						
AGE	2.393	0.718	0.007	0.122$^+$	-0.247***	-0.053	-0.084	0.300	0.293	1					
INDU	0.783	0.413	0.148*	0.119$^+$	-0.028	0.033	0.065	0.082	0.321***	0.183**	1				
PERF	3.385	0.716	0.070	0.126*	0.015	-0.119$^+$	-0.108$^+$	0.115$^+$	0.292	0.105$^+$	0.060	1			
FO	83.811	19.506	0.158*	-0.113$^+$	-0.204	0.046	-0.031	0.158	-0.169	0.056	0.000	-0.111$^+$	1		
EIE	0.403	0.492	0.087	0.016	-0.096	0.041	-0.017	0.090	0.113$^+$	0.012	-0.016	0.084	0.018	1	
GEN	0.821	0.384	0.046	0.125*	0.117$^+$	0.058	0.049	-0.061	0.067	0.028	0.004	-0.027	-0.105$^+$	-0.059	1
AREA	0.435	0.497	0.027	-0.082	-0.025	-0.056	0.048	0.103	-0.288***	0.084	-0.253***	-0.043	0.115$^+$	-0.119$^+$	0.019

注：$^+$表示 $p<0.10$，*表示 $p<0.05$，**表示 $p<0.01$，***表示 $p<0.001$；双侧检验。

表 4. 2　　　代际传承意愿对家族企业国际化深度影响的分析结果

项目	模型 1	模型 2	模型 3	模型 4
_Cons	0.039 (0.190)	0.077 (0.190)	−0.010 (0.190)	0.122 (0.191)
SIZE	−0.035 ** (0.013)	−0.036 ** (0.013)	−0.034 ** (0.013)	−0.038 ** (0.013)
AGE	0.004 (0.034)	0.002 (0.034)	0.010 (0.034)	−0.017 (0.036)
INDU	0.182 ** (0.059)	0.188 ** (0.059)	0.167 ** (0.059)	0.178 ** (0.059)
PERF	0.068 * (0.033)	0.061 + (0.033)	0.075 * (0.033)	0.061 + (0.033)
FO	0.003 * (0.001)	0.003 * (0.001)	0.003 * (0.001)	0.002 * (0.001)
EIE	0.084 + (0.047)	0.089 + (0.046)	0.083 + (0.046)	0.074 (0.046)
GEN	0.082 (0.060)	0.090 (0.059)	0.076 (0.059)	0.091 (0.059)
AREA	0.009 (0.050)	0.002 (0.050)	−0.001 (0.050)	−0.006 (0.050)
SU_O		−0.137 * (0.067)		
SU_M			0.250 * (0.111)	
SU_OM				0.122 * (0.048)
R^2	0.101	0.116	0.119	0.124
Adj. R^2	0.074	0.083	0.086	0.091
F	3.408 **	3.529 ***	3.637 ***	3.797 ***
N	253	253	253	253

注：+表示 $p<0.10$，＊表示 $p<0.05$，＊＊表示 $p<0.01$，＊＊＊表示 $p<0.001$；括号内数字为标准误。

表 4.3　　代际传承意愿对家族企业国际化广度影响的分析结果

项目	模型 1	模型 2	模型 3	模型 4
_Cons	0.502 (0.539)	0.649 (0.534)	0.305 (0.532)	0.676 (0.544)
SIZE	0.008 (0.036)	0.003 (0.035)	0.012 (0.035)	0.002 (0.036)
AGE	0.163 + (0.096)	0.155 (0.095)	0.189 (0.095)	0.120 (0.098)
INDU	0.155 (0.168)	0.177 (0.166)	0.095 (0.166)	0.148 (0.167)
PERF	0.152 (0.094)	0.127 (0.093)	0.180 + (0.093)	0.139 (0.094)
FO	− 0.003 (0.003)	− 0.003 (0.003)	− 0.003 (0.003)	− 0.004 (0.003)
EIE	0.030 (0.132)	0.049 (0.131)	0.026 (0.130)	0.029 (0.132)
GEN	0.321 * (0.169)	0.353 * (0.167)	0.297 + (0.166)	0.339 * (0.168)
AREA	− 0.159 (0.142)	− 0.180 (0.140)	− 0.192 (0.139)	− 0.187 (0.142)
SU_O		− 0.521 ** (0.190)		
SU_M			1.003 ** (0.312)	
SU_OM				0.255 + (0.138)
R^2	0.068	0.096	0.106	0.081
Adj. R^2	0.037	0.062	0.073	0.047
F	2.208 *	2.854 **	3.184 **	2.362 *
N	253	253	253	253

注：+ 表示 $p < 0.10$，* 表示 $p < 0.05$，** 表示 $p < 0.01$，*** 表示 $p < 0.001$；括号内数字为标准误。

表 4.4   代际传承意愿对家族企业国际化速度影响的分析结果

项目	模型 1	模型 2	模型 3	模型 4
_Cons	3.225 *** (0.915)	3.492 *** (0.908)	2.957 *** (0.914)	3.566 *** (0.921)
SIZE	0.024 (0.062)	0.020 (0.061)	0.027 (0.061)	0.012 (0.061)
AGE	-0.769 *** (0.188)	-0.821 *** (0.186)	-0.719 *** (0.187)	-0.867 *** (0.182)
INDU	-0.201 (0.288)	-0.167 (0.284)	-0.283 (0.287)	-0.221 (0.286)
PERF	0.153 (0.159)	0.111 (0.157)	0.191 (0.158)	0.129 (0.158)
FO	-0.011 + (0.006)	-0.010 + (0.006)	-0.011 + (0.006)	-0.013 * (0.006)
EIE	-0.362 (0.227)	-0.329 (0.225)	-0.368 (0.225)	-0.396 + (0.226)
GEN	0.508 + (0.285)	0.558 + (0.284)	0.477 + (0.285)	0.548 + (0.296)
AREA	-0.301 (0.243)	-0.332 (0.240)	-0.349 (0.241)	-0.357 (0.242)
SU_O		-0.899 ** (0.328)		
SU_M			1.249 * (0.529)	
SU_OM				0.516 * (0.234)
R^2	0.138	0.165	0.158	0.156
Adj. R^2	0.108	0.132	0.125	0.123
F	4.637 ***	5.072 ***	4.823 ***	4.729 ***
N	242	242	242	242

注：+ 表示 $p < 0.10$，* 表示 $p < 0.05$，** 表示 $p < 0.01$，*** 表示 $p < 0.001$；括号内数字为标准误。

4.4.2.1 家族所有权传承意愿对家族企业国际化的影响

表 4.2～表 4.4 模型 2 报告了家族所有权传承意愿对家族企业国际化深度、广度、速度影响的检验结果。结果显示：家族所有权传承意愿对家族企业国际化深度、广度和速度具有显著的负向影响（$\beta = -0.137$，$p < 0.05$；$\beta = -0.521$，$p < 0.01$；$\beta = -0.899$，$p < 0.01$）。这说明家族企业主仅意图传承家族所有权的意愿越强烈，家族企业越不愿意深度、广泛和快速进入国际市场。因此 H4.1 得到验证。

4.4.2.2 家族管理权传承意愿对家族企业国际化的影响

表 4.2～表 4.4 的模型 3 分别报告了家族管理权传承意愿对家族企业国际化深度、广度、速度影响的检验结果。结果显示：家族管理权传承意愿对家族企业国际化深度、广度和速度具有显著的正向影响（$\beta = 0.250$，$p < 0.05$；$\beta = 1.003$，$p < 0.01$；$\beta = 1.249$，$p < 0.05$）。这说明家族企业主仅意图传承家族管理权的意愿越强烈，家族企业越倾向于深度、广泛和快速进入国际市场。因此 H4.2 得到验证。

4.4.2.3 家族所有权与管理权同时传承意愿对家族企业国际化的影响

表 4.2～表 4.4 的模型 4 分别报告了家族所有权与管理权同时传承意愿对家族企业国际化深度、广度、速度影响的检验结果。结果显示：家族所有权与管理权同时传承意愿对家族企业国际化深度、广度和速度具有显著正向影响（$\beta = 0.122$，$p < 0.05$；$\beta = 0.255$，$p < 0.10$；$\beta = 0.516$，$p < 0.05$）。这说明家族企业主意图同时传承家族所有权与管理权的意愿越强烈，家族企业越倾向于深度、广泛和快速进入国际市场。因此 H4.3 得到验证。

4.4.3 稳健性检验

重新定义家族企业，即将控制家族持股比例在 50% 以上且企业高管团队中至少有一名家族成员的企业界定为家族企业，得到 224 个家族企业样本。检验结果显示（见表 4.5、表 4.6 和表 4.7）：家族所有权传承意愿对家族企业国际化深度、广度和速度具有显著负向影响（$\beta = -0.120$，$p < 0.10$；$\beta = -0.471$，$p < 0.05$；$\beta = -0.953$，$p < 0.01$）；家族管理权传承意愿对家族企业国际化深度、广度和速度具有显著正向影响（$\beta = 0.255$，$p < 0.05$；$\beta = 0.905$，$p < 0.01$；$\beta = 1.107$，$p < 0.05$）；家族所有权与管理权同时传承意愿对家族企业国际化深度和速度具有显著正向影响（$\beta = 0.132$，$p < 0.01$；$\beta = 0.455$，$p < 0.10$），对家族企业国际化广度的正向影响不具有显著性（$\beta = 0.202$，$p > 0.10$）。检验结果与前文结论基本一致。因此本章研究结论具有较好的稳健性。

表 4.5　　　　　　　代际传承意愿对家族企业国际化深度的
影响：稳健性检验结果

项目	模型 1	模型 2	模型 3	模型 4
_Cons	0.072 (0.204)	0.101 (0.204)	0.008 (0.204)	0.158 (0.204)
SIZE	-0.036 ** (0.013)	-0.038 ** (0.013)	-0.035 ** (0.013)	-0.040 ** (0.013)
AGE	0.009 (0.036)	0.005 (0.036)	0.018 (0.036)	-0.013 (0.036)
INDU	0.164 ** (0.061)	0.168 ** (0.051)	0.148 * (0.061)	0.163 ** (0.060)
PERF	0.055 (0.033)	0.051 (0.035)	0.064 + (0.035)	0.050 (0.035)
FO	0.003 * (0.001)	0.003 * (0.001)	0.003 * (0.001)	0.003 + (0.001)
EIE	0.084 (0.049)	0.091 (0.049)	0.082 + (0.049)	0.075 (0.049)
GEN	0.102 (0.062)	0.108 + (0.062)	0.095 (0.062)	0.111 + (0.062)
AREA	0.001 (0.052)	-0.003 (0.051)	-0.006 (0.051)	-0.007 (0.051)

续表

项目	模型 1	模型 2	模型 3	模型 4
SU_O		-0.120^{+} (0.071)		
SU_M			0.255^{*} (0.110)	
SU_OM				0.132^{**} (0.050)
R^2	0.103	0.116	0.125	0.131
Adj. R^2	0.069	0.078	0.088	0.094
F	3.071^{**}	3.075^{**}	3.378^{**}	3.571^{***}
N	224	224	224	224

注：$+$ 表示 $p<0.10$，$*$ 表示 $p<0.05$，$**$ 表示 $p<0.01$，$***$ 表示 $p<0.001$；括号内数字为标准误。

表 4.6 　代际传承意愿对家族企业国际化广度的
影响：稳健性检验结果

项目	模型 1	模型 2	模型 3	模型 4
_Cons	1.236^{*} (0.586)	1.351^{*} (0.582)	1.008^{+} (0.561)	1.367^{*} (0.592)
SIZE	0.003 (0.037)	-0.002 (0.037)	0.006 (0.037)	-0.003 (0.037)
AGE	0.099 (0.103)	0.087 (0.102)	0.131 (0.102)	0.066 (0.106)
INDU	0.201 (0.174)	0.215 (0.172)	0.141 (0.172)	0.198 (0.174)
PERF	0.054 (0.101)	0.038 (0.100)	0.085 (0.100)	0.046 (0.101)
FO	-0.006^{+} (0.004)	-0.006 (0.004)	-0.006 (0.004)	-0.007^{+} (0.004)
EIE	0.075 (0.141)	0.103 (0.140)	0.069 (0.138)	0.061 (0.141)
GEN	0.356^{*} (0.179)	0.382^{*} (0.177)	0.331^{+} (0.176)	0.369^{*} (0.179)

续表

项目	模型 1	模型 2	模型 3	模型 4
AREA	−0.199 (0.148)	−0.217 (0.147)	−0.227 (0.146)	−0.212 (0.148)
SU_O		−0.471 * (0.202)		
SU_M			0.905 ** (0.314)	
SU_OM				0.202 (0.146)
R^2	0.069	0.092	0.104	0.077
Adj. R^2	0.034	0.054	0.066	0.038
F	1.982 +	2.403 *	2.748 **	1.983 *
N	224	224	224	224

注: +表示 $p < 0.10$，*表示 $p < 0.05$，**表示 $p < 0.01$，***表示 $p < 0.001$；括号内数字为标准误。

表 4.7　　　　代际传承意愿对家族企业国际化速度的

影响：稳健性检验结果

项目	模型 1	模型 2	模型 3	模型 4
_Cons	4.018 *** (1.039)	4.278 *** (1.028)	3.719 *** (1.402)	4.304 *** (1.046)
SIZE	0.019 (0.066)	0.013 (0.066)	0.022 (0.061)	0.005 (0.067)
AGE	−0.883 *** (0.205)	−0.936 *** (0.203)	−0.827 *** (0.206)	−0.962 *** (0.209)
INDU	−0.171 (0.311)	−0.147 (0.307)	−0.248 (0.311)	−0.108 (0.310)
PERF	0.066 (0.178)	0.029 (0.176)	0.107 (0.178)	0.049 (0.177)
FO	−0.013 * (0.007)	−0.012 + (0.006)	−0.012 + (0.006)	−0.015 * (0.007)
EIE	−0.359 (0.253)	−0.305 (0.250)	−0.369 (0.251)	−0.383 (0.252)

续表

项目	模型1	模型2	模型3	模型4
GEN	0.559 + (0.320)	0.608 + (0.316)	0.525 (0.318)	0.592 + (0.319)
AREA	−0.383 (0.261)	−0.423 (0.258)	−0.418 (0.250)	−0.414 (0.261)
SU_O		−0.953 ** (0.359)		
SU_M			1.107 * (0.555)	
SU_OM				0.455 + (0.258)
R^2	0.160	0.188	0.176	0.173
Adj. R^2	0.127	0.152	0.140	0.136
F	4.883 ***	5.252 ***	4.845 ***	4.731 ***
N	215	215	215	215

注：+表示 $p<0.10$，* 表示 $p<0.05$，** 表示 $p<0.01$，*** 表示 $p<0.001$；括号内数字为标准误。

4.5 结论与讨论

4.5.1 研究结论

在"一带一路"倡议和国家"走出去"战略等背景下，如何利用代际传承契机引导家族企业"走出去"，是我国家族企业转型升级、持续成长与高质量发展的重要话题。本章在区分三种不同类型的家族企业主代际传承意愿的基础上，利用7个省（直辖市）家族企业的问卷调查数据，实证研究家族企业主的不同代际传承意愿对企业国际化的影响。主要研究结论如下：第一，家族所有权传承意愿对家族企业国际化深度、广度和速度具有显著的负向影响；第二，家族管理权传承意愿对家族企业国际化深度、广度和速度具有显著的正向影响；第三，家族所有权与管理权同时传承意愿对家族企业国际化深度、广度和速度具有显著的正向影响。

4.5.2 研究意义

本章研究的理论贡献主要体现在：丰富和发展了代际传承意愿与家族企业国际化关系研究文献。现有关于家族企业国际化前因的研究主要关注家族权力等家族涉入因素的影响，少数关于代际传承与家族企业国际化关系的研究，也只聚焦于家族后代涉入对家族企业国际化的影响，鲜有文献关注代际传承意愿对家族企业国际化的作用，极少数相关研究成果倾向于将代际传承意愿作为一个整体概念来考察（周立新，2016）。本章从权力传承视角将家族企业主的代际传承意愿区分为家族所有权传承意愿、家族管理权传承意愿、家族所有权与管理权同时传承意愿三种不同类型，研究三种不同类型的代际传承意愿对家族企业国际化的影响效应及其差异性。研究结论不同于前期文献强调代际传承意愿对家族企业国际化的积极作用（周立新，2016），本章发现代际传承意愿对家族企业国际化会产生积极和消极影响。因此，本章的研究丰富和发展了代际传承意愿与家族企业国际化关系研究文献，也丰富了家族企业社会情感财富研究文献。

本章研究结论对于家族企业管理实践具有启示意义：本章发现明确的家族管理权（事业）传承意愿有助于家族企业深度、广泛和快速进入国际市场，而家族所有权（财富）传承意愿可能不利于家族企业国际化扩张。因此，家族企业创始人要合理制定传承计划，强化家族管理权（事业）传承意识，在二代继承人培养上要尽早放权，并在代际传承过程中帮助二代继承人构建权威合法性。同时，家族企业创始人要充分认识家族所有权（财富）传承意愿对家族企业国际化可能存在的负面影响，谨慎推进家族所有权（财富）传承。

第 5 章

家族二代所有权与管理权对家族
企业国际化的影响研究

5.1 引言

近年来，在中国政府"走出去"战略及"一带一路"倡议的推动下，越来越多的中国家族企业加快了国际化经营步伐。例如，陈凌和窦军生（2017）指出，2015 年中国上市家族企业的海外业务收入总额是 2009 年海外业务收入总额的近四倍。理论与实践表明，国际化扩张是家族企业构建核心竞争优势、转型升级和持续成长的重要战略选择（Alayo et al.，2019）。当前，我国家族企业已进入代际传承的高峰期，一大批家族企业的二代继承人开始走到前台，在家族企业经营活动中扮演着重要角色（祝振铎等，2021）。与父辈相比，我国家族企业的二代继承人通常接受过更好的教育，不少二代拥有海外教育或工作经历，更加关注和熟悉国际市场。因此，如何利用代际传承的契机引导和推动家族企业开展国际化经营活动，对于中国家族企业转型升级与持续成长具有重要现实意义。

近年来，有关家族企业国际化前因的文献聚焦于家族权力等家族涉入因素的影响（Pukall & Calabrò，2014），有关家族企业代际传承后果的文献聚焦于家族企业代际传承对战略变革（Zhao et al.，2020；祝振铎等，2018）、创新（Carney et al.，2019；程晨，2018）、创业（Zahra et al.，2004；王扬眉等，2021）、企业绩效和市场价值（Xu et al.，2015）、融资（吴思锐和龚光明，2021）等的影响，仅有少数学者探讨了家族企业代际传承对国际化战略决策的影响作用，且这些研究聚焦于家族后代所有权与管理权、家族涉入或传承代数对家族企业国际化倾向（是否国际化）、出口强度（出口收入占销售收入比重）的直接影响（Gallo & Pont，1996；Fernández & Nieto，2005；Cristiano，2018；Fang et al.，2018；Okoroafo，1999；Okoroafo & Koh，2010；Graves & Thomas，2008；梁强等，2016），忽视了家族企业国际化的多维表现以及家族企业代际传承驱动国际化的具体情境（Shi et al.，2019）。

家族企业代际传承是指所有权和控制权由一代向后代的传递（Alcorn，1982）。相比于非家族企业，家族企业倾向于选择家族成员担任企业总经理或 CEO（Naldi et al.，2013）；同时，受独生子女政策等因素的影响，家族所有权的代际转移在我国家族企业代际传承活动中也占据突出地位。那么，家族二代所有权与管理权对我国家族企业国际化战略决策是否会产生显著的影响？其影响的边界条件或适用情境又是什么？

家族企业代际传承不仅仅是所有权与职位的代际传递，更重要的是家族企业主权威的代际传递。代际传承过程中，父辈与二代继任者之间的权威关系（即代际权威）会发生变化。代际权威决定了家族企业代际传承过程中二代继任者在企业决策制定中的话语权（Björnberg & Nicholson，2007），进而会影响二代继任者在家族企业国际化战略决策中发挥的作用。因此，研究家族企业代际传承与国际化之间的关系，有必要考虑代际权威所产生的影响。

阿雷格莱等（Arregle et al.，2017）通过元分析（Meta-analysis）指出，差异化的制度环境是家族涉入（家族权力、家族文化、家族代际关系）对家族企业国际化影响差异性的重要原因。不同国家之间的正式制度环境、非正式制度环境存在显著的差异，特别是中国的制度环境与西方发达国家的制度环境存在较大差异，这种制度环境上的差异（即制度距离）会影响家族企业国际化经营活动的交易成本，以及家族企业在东道国市场合法性的构建等，进而会影响家族企业代际传承与国际化之间的关系。

对此，本章拟利用 2020 年 8 ~ 11 月对重庆、浙江等 7 省（市）家族企业的问卷调查数据，研究家族二代所有权与管理权对家族企业国际化的影响；同时，分析代际权威、制度距离对家族二代所有权、家族二代管理权与家族企业国际化关系的调节作用。因此，本章拓展了家族企业代际传承与国际化关系的相关研究文献，同时对于我国家族企业代际传承与国际化战略决策也具有启示意义。

5.2 理论分析与研究假设

5.2.1 家族二代所有权对家族企业国际化的影响

家族二代所有权对家族企业国际化具有消极影响。第一，家族企业国际化战略决策可以用意愿和能力框架来解释（De Massis et al.，2014）。家族所有者从事国际化经营活动的意愿取决于国际化战略决策与经济目标和社会情感财富目标的一致程度（Gómez-Mejía et al.，2010），家族所有权程度则为家族所有者提供了实施企业国际化战略决策的权力。在家族所有权水平总体保持不变的情况下，家族二代所有权水平较低，意味着家族一代所有权水平较高，一代创始人对家族企业的情感依恋、认同和责任感普遍强于二代继任者，此类家族企业更加关注社会情感财富目标而不是经济目标（Gómez-Mejía et al.，2007），为保存或增加社会情感财富，家族所有者不愿意选择具有高风险的国际化战略

（Gómez-Mejía et al.，2010）。第二，家族所有权使家族具备了塑造企业战略的权力或合法性，且家族所有权越大意味着家族拥有的自由裁量权就越大。家族二代所有权水平较低时，二代继任者在行动上的自由裁量权较小，从而二代继任者实施国际化战略的权力及合法性较低。综上所述，家族二代所有权水平较低时，二代继任者不太愿意且不太有能力实施国际化战略。

随着家族二代所有权水平的增加，家族二代所有权对家族企业国际化会产生积极影响。第一，随着家族二代所有权进一步增加，家族成员对家族企业的情感依恋和认同会逐渐减弱，家族企业更加关注经济目标而非社会情感财富目标（Gómez-Mejía et al.，2007）。企业国际化经营活动是一种利润与价值创造活动（Tongli et al.，2005；Tsao & Lien，2013；周立新，2019）。因此，随着家族二代所有权水平的进一步提高，二代继任者具有更强的意愿实施国际化战略；同时，代际传承过程中，家族二代继任者往往面临"少主难以服众"的合法性劣势（李新春等，2015），出于对职位是靠裙带关系而不是能力来巩固的担心，二代继任者可能会受到公众更严格的审查（Bertrand & Schoar，2006）。因此二代继任者更愿意实施国际化战略以提升企业价值，进而证明他们的能力，并获得家族成员和企业员工等利益相关者认可。第二，家族二代所有权水平较高时，二代继任者在行动上也具有更大的自由裁量权，更有能力实施国际化战略。综上所述，随着家族二代所有权进一步增加，二代继任者具有更强的意愿和能力实施国际化战略，以使关键利益相关者相信他们有能力达到可接受的或良好的经济绩效。

本书认为，家族二代所有权与家族企业国际化之间存在显著的"U"型关系。一方面，家族二代所有权水平较低时，家族所有者更加关注社会情感财富目标，同时二代继任者实施国际化战略的权力和合法性较低，从而二代继任者不太愿意且不太有能力实施国际化战略；另一方面，随着家族二代所有权水平的进一步增加，经济目标的重要性更加突出，同时二代继任者实施国际化战略的权力和合法性增加，从而二代继任者具有更强的意愿和能力来实施国际化战略。因此本书提出以下研究假设：

H5.1：家族二代所有权对家族企业国际化具有显著的"U"型影响，即随着家族二代所有权的增加，家族企业国际化呈现出先下降后上升的变化趋势。

5.2.2 家族二代管理权对家族企业国际化的影响

家族二代管理权对家族企业国际化具有积极作用。第一，二代继任者的人力资本是家族企业国际化的重要资源基础。与一代创始人相比，二代继任者通常接受过更好和更正规的教育，他们大多数拥有海外学习或工作经历。海外学习或工作经历可以给二代继任者带来更具包容性和开放性的思想、国际视野、全新的经营理念，以及更加丰富的管理知识、行业知识和国际市场知识（Fernández & Nieto，2005），提升了其探索国际市场机会、抗风险以及处理国际复杂性的能力（Giannetti et al.，2015）。第二，二代继任者的社会资本是家族企业国际化的重要资源基础。由于互惠性规范，二代继任者在未给家族企业做出重大贡献之前就被赋予了家族所积累的社会资本（Sharma，2008），包括家族与企业关键利益相关者的关系。丰富的家族社会资本能够使二代继任者将来自家族成员、关键利益相关者和长期合作伙伴网络中的信息和知识整合到家族企业国际化经营活动之中，增加家族企业代际传承过程中的资源获取。第三，家族企业经营活动高度依赖家族专用性资产，如创始人的知识、技能、声誉、社会网络（Fan et al.，2012）。这些专用性资产在代际传承过程中存在较高的转移成本和损耗（Fan et al.，2012；Bennedsen et al.，2015）。同时，二代继任者自身权威合法性不足，面临着"少主难以服众"的尴尬局面（李新春等，2015），因此二代继任者更倾向于实施国际化战略，以弥补家族专用性资产损耗给家族企业带来的损失，并显示其能力合法性，进而获得家族成员、企业员工等利益相关者的认可。一些实证研究也支持了家族二代管理权对家族企业国际化的积极效应（梁强等，2016）。因此本书提出以下研究假设：

H5.2：家族二代管理权对家族企业国际化具有显著的正向影响。

5.2.3　代际权威的调节效应

家族企业代际传承不仅仅是所有权与职位的代际传递，更重要的是家族企业主权威的代际传递。家族企业代际传承涵盖了角色、身份和权威结构等的变化。代际权威是指父辈与继任者之间的权威关系。代际权威决定了父辈与继任者工作关系中的自由程度或约束程度，因此也决定了代际传承过程中继任者在企业决策制定中的话语权（Björnberg & Nicholson，2007）。集中的决策权威有助于家族企业快速决策以降低国际环境复杂性的冲击，但集中的决策权威会限制信息和思想的交流（Zahra et al.，2004），使家族企业难以适应国际环境的变化（Kohli & Jaworski，1990）。二代继任者是家族企业创业机会的发现者和创新的驱动者（Zahra et al.，2004），然而，只有在权威结构允许的情况下，二代继任者的创新精神才能脱颖而出。在家族企业代际传承阶段，权威结构处于变化状态，理想情况是，一代创始人的权威降低，而二代继任者的权威增加。然而，在领导权交接过程中，一代创始人与二代继任者在决策中的角色不太可能被明确地定义。如果一代创始人与二代继任者之间的权威差异即代际权威较小，此时二代继任者在家族企业战略决策中的权威性和合法性较高，一代创始人会很快考虑二代继任者的新建议、新思想及其识别的新机会，并让二代继任者参与家族企业战略决策，则二代继任者对家族企业国际化战略决策的作用可能较大，导致家族二代管理权与所有权对家族企业国际化的作用较大；相反，如果一代创始人与二代继任者之间的权威差异即代际权威较大，此时二代继任者在家族企业战略决策中的权威性和合法性较低，二代继任者的新建议、新思想及其识别的新机会较少受到重视，则二代继任者对家族企业国际化战略决策的作用较小，导致家族二代管理权与所有权对家族企业国际化的作用较小。因此本书提出以下研究假设：

H5.3：代际权威会削弱家族二代所有权、家族二代管理权与家族企业国际化之间的关系。

5.2.4 制度距离的调节效应

制度是规范个体行为的准则（North，1990）。经济学视角下的制度理论把制度划分为正式制度和非正式制度两种类型。正式制度涉及经济参与者不得不遵守的规则，如法律、规则等；非正式制度是人们在交往中自然形成的约束条件，这些约束条件体现了社会中所共享的价值观、信仰和规范等（North，1990）。社会学视角下的制度理论把制度划分为管制、规范和认知制度（Scott，2001）。不同国家在制度环境上的差异被称为制度距离。本章借鉴埃斯特林等（Estrin et al.，2009）提出的制度距离二分法，即将制度距离划分为正式制度距离和非正式制度距离两个维度，分别讨论其对家族二代所有权、家族二代管理权与家族企业国际化关系的调节效应。

5.2.4.1 正式制度距离的调节效应

正式制度距离主要反映不同国家之间在法律法规、政治制度、市场环境等方面存在的差异程度（Estrin et al.，2009）。家族二代所有权、家族二代管理权对家族企业国际化的影响会受到母国与东道国之间正式制度距离的影响。第一，正式制度距离的存在会导致家族企业在东道国市场经营时面临"外来者"劣势，导致家族企业在熟悉东道国市场环境、理解东道国制度环境要求（如政策法规、审批流程、劳动用工、环境保护）、搜寻东道国商业信息、与东道国合作伙伴进行沟通与洽谈、保证合约履行等相关活动方面增加了额外成本。第二，正式制度距离的存在会导致家族企业难以在东道国市场快速建立合法性，同时也难以将母国的管理经验和规范化流程转移至东道国市场，增加家族企业内部的知识转移成本。综上所述，正式制度距离的存在会增加家族企业国际化经营活动的交易成本和合法性劣势，家族二代所有权与管理权对家族企业国际化的作用因正式制度距离的存在而被削弱。因此本书提出以下研究假设：

H5.4a：正式制度距离会削弱家族二代所有权、家族二代管理权与家族企业国际化之间的关系。

5.2.4.2　非正式制度距离的调节效应

非正式制度距离主要反映不同国家之间在价值观、信仰和规范等方面的差异程度（Estrin et al.，2009）。家族二代所有权、家族二代管理权对家族企业国际化的影响会受到母国与东道国之间非正式制度距离的影响。第一，非正式制度距离会导致国际化过程中较高的信息不对称性和较大的沟通协调难度，增加家族企业国际化经营活动的交易成本。家族价值观和行为规范对家族企业的影响是家族企业的主要特征。母国与东道国之间非正式制度距离越大，潜在的国际合作伙伴与家族成员以及家族企业的价值观、信仰和行为规范可能截然不同，因此家族企业国际化过程中的信息不对称性高、沟通协调更加困难，从而增加了家族企业国际化经营活动的交易成本。第二，非正式制度距离的存在会阻碍互补性资源尤其是知识资源的逆向转移。由于组织惯性，非正式制度距离的存在会导致家族企业早期积累的知识资源无法应用于本地知识的吸收过程，同时也会使组织固有特征在向东道国转移时存在不匹配风险（Liu & Maula，2016），增加家族企业对东道国环境的适应难度，阻碍家族企业互补性资源尤其是知识资源的逆向转移。综上所述，非正式制度距离的存在会增加家族企业国际化经营活动的交易成本等，家族二代所有权与管理权对家族企业国际化的作用因非正式制度距离的存在而被削弱。因此本书提出以下研究假设：

H5.4b：非正式制度距离会削弱家族二代所有权、家族二代管理权与家族企业国际化之间的关系。

综上所述，本章的研究模型如图5.1所示。

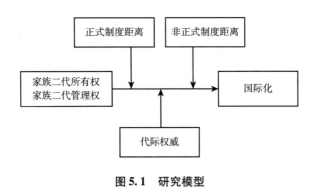

图5.1　研究模型

5.3　研究设计

5.3.1　样本与数据来源

本章数据来源于课题组2020年8～11月对重庆、浙江、山东、上海、江苏、广东、江西七省（市）253家具有国际业务（出口、境外投资等）的样本家族企业的问卷调查数据。样本与数据收集的具体情况见1.3.2小节。

5.3.2　变量测量

5.3.2.1　被解释变量

对国际化的测量，借鉴了卡福罗斯等（Kafouros et al.，2012）的研究，包括国际化深度和国际化广度两类指标。（1）国际化深度（DEPT），定义为 2019 年企业出口销售收入占总销售收入的份额；（2）国际化广度（BREA），定义为企业国际化所涉及的国家数量，取自然对数。

5.3.2.2　解释变量

（1）家族二代所有权（SFO），定义为二代家族成员持有企业的股份比例；（2）家族二代管理权（SFM），借鉴克里斯曼和帕特尔（Chrisman & Patel，2012）、窦军生等（Dou et al.，2014）的研究，定义为二代家族成员担任企业高管（含总经理）、董事（含董事长）的数量。

5.3.2.3　调节变量

（1）代际权威（TA），借鉴比约恩伯格和尼科尔森（Björnberg & Nicholson，2007）的量表，包括 3 个测量题项：本企业中父辈创业者的愿望得到了遵守、本企业中由父辈家族成员制定相关规则、本企业中父辈创业者讲的话就是"法律"；采用从"1 完全不同意"到"5 完全同意"的李克特五点量表度量，量表的 Cronbach'α 为 0.731。（2）正式制度距离（ID），主要借鉴世界经济论坛（World Economic Forum）发布的《全球竞争力年度报告》中的管制性因素予以衡量，包括 4 个测量题项：东道国的司法体系能够有效地保证投资者权益、东道国的法律法规和政策比较稳定且可预测、东道国具有相对公平公正的投资贸易政策、东道国具有相对公平公正的金融管制政策；采用从"1 完全不同意"到"5 完全同意"的李克特五点量表度量，量表的 Cronbach'α 为 0.905。（3）非正式制度距离（NID），借鉴埃斯特林等（Estrin et al.，2009）的观点，将文化距离作为非正式制度距离的替代变量，主要从权力距离、集体主义、不确定性规避等方面进行衡量，包括 5 个测量题项：东道国民众普遍对权力分配不公平的现象具有较强的承受力、东道国民众普遍比较重视集体行动、东道国民众普遍对多种信仰或价值观并存的容忍度较高、东道国民众普遍尊重传统及注重保护个人面子、东道国社会倾向于制定严格的法律法规和措施来规避不确定性带来的影响；采用从"1 完全不同意"到"5 完全同意"的李克特五点量表度量，量表的 Cronbach'α 为 0.839。需要指出的是，以往学者使用调查问卷测量国家间的制度距离时，通常仅测量东道国制度环境情况，主要原因是，不同受访者对国家之间制度环境差异性的感知往往不同，而受访者对客观存在的东道国制度环境情况有比较一致的感受，数据的真实性相对较高。

5.3.2.4 控制变量

本章选择了一些可能影响家族企业国际化的相关变量，包括企业规模、企业年限、产业类型、国际化经验、企业绩效、家族所有权、家族经理和地区。（1）企业规模（SIZE），定义为企业 2019 年末资产总额，取自然对数；（2）企业年限（AGE），定义为企业经营年限，取自然对数；（3）产业类型（INDU），定义制造业为 1，其他行业为 0；（4）国际化经验（EIE），企业主或高管（副总以上）具有海外留学或工作经历定义为 1，否则为 0；（5）企业绩效（PERF），包括与同行主要竞争对手相比，近 3 年企业的销售增长率、利润水平、市场占有率和投资收益率 4 个测量题项，采用从"1 很差"到"5 很好"的李克特五点量表度量，量表的 Cronbach'α 为 0.876；（6）家族所有权（FO），定义为企业主及企业主的家族成员持有的企业股份比例；（7）家族经理（FM），企业总经理由企业主本人或企业主的家族成员担任定义为 1，否则为 0；（8）地区（AREA），东部地区（浙江、山东、上海、江苏、广东）定义为 1，中西部地区（重庆、江西）为 0。

5.3.3 同源偏差检验

为了避免同源偏差的影响，本章采用 Harman 单因子分析，同时对问卷中的所有测量指标做因子分析,结果显示:在未旋转时累积因素解释的方差占总方差的比重为 63.045%,第一个因素解释的方差为 22.481%,远低于 50% 的标准。因此同源偏差不严重。

5.4　实证分析结果

5.4.1　变量的描述性统计与相关性分析

表 5.1 对主要变量进行了描述性统计。结果显示:国际化深度(DEPT)的平均值为 0.469、标准差为 0.372,国际化广度 (BREA)的平均值为 1.539、标准差为 1.050,说明样本家族企业国际化深度、国际化广度差异较大,尤其是国际化广度差异很大;家族二代所有权(SFO)的平均值为 10.050、标准差为 22.918,家族二代管理权(SFM)的平均值为 0.613、标准差为 1.058,即样本家族企业的家族二代成员平均持有企业股份比例为 10.050%,家族二代成员进入企业高管团队的平均人数为 0.613 人,样本家族企业的家族二代所有权、家族二代管理权差异较大。相关分析显示:家族企业国际化深度与家族二代管理权、制造业、家族所有权之间显著正相关($p < 0.10$),家族企业国际化广度与家族二代管理权、企业规模、企业年限、制造业、企业绩效之间显著正相关($p < 0.10$),与家族所有权之间显著负相关($p < 0.10$)。下面回归分析部分将对变量之间的关系做进一步检验。

表 5.1

描述性统计分析与相关系数

变量	均值	标准差	DEPT	BREA	SFO	SFM	TA	ID	NID	SIZE	AGE	INDU	EIE	PERF	FO	FM
DEPT	0.469	0.372	1													
BREA	1.539	1.050	0.298***	1												
SFO	10.050	22.918	-0.012	0.049	1											
SFM	0.613	1.058	0.105+	0.165**	0.362***	1										
TA	3.046	0.830	-0.036	-0.001	0.068	0.123+	1									
ID	3.175	0.785	0.088	-0.083	0.067	0.105+	0.032	1								
NID	3.148	0.695	0.097	-0.024	0.112+	0.053	0.119+	0.649***	1							
SIZE	8.943	2.145	-0.099	0.151*	0.074	0.171***	0.086	0.078	0.077	1						
AGE	2.393	0.718	0.007	0.122+	0.167**	0.186***	0.191**	0.007	0.081	0.293***	1					
INDU	0.783	0.413	0.148*	0.119+	0.034	-0.039	0.099	0.001	0.093	0.321***	0.183**	1				
EIE	0.403	0.492	0.087	0.016	0.127*	0.080	-0.046	0.233***	0.184**	0.113+	0.012	-0.016	1			
PERF	3.385	0.716	0.070	0.126*	0.004	0.172**	0.100	0.154*	0.109+	0.292***	0.105+	0.060	0.084	1		
FO	83.811	19.506	0.158*	-0.113+	0.131*	0.096	0.160*	0.007	0.125*	-0.169**	0.056	0.000	0.018	0.111+	1	
FM	0.652	0.477	0.016	0.035	0.104+	0.007	0.054	-0.089	0.005	-0.257***	0.055	-0.103+	-0.060	0.031	0.133*	1
AREA	0.435	0.497	0.027	-0.082	-0.012	-0.011	-0.014	-0.051	-0.075	-0.288***	0.084	-0.253***	-0.119+	-0.043	0.115+	0.306***

注: +表示 $p<0.10$, *表示 $p<0.05$, **表示 $p<0.01$, ***表示 $p<0.001$; 双侧检验。

5.4.2　假 设 检 验

家族二代所有权与管理权对家族企业国际化深度、广度的影响的分析结果分别如表 5.2 和表 5.3 所示。

表 5.2　　　　家族二代所有权与管理权对家族企业国际化
深度影响的分析结果

项目	模型 1	模型 2	模型 3	模型 4	模型 5
_Cons	0. 1542 (0. 1846)	0. 1590 (0. 1870)	0. 1579 (0. 1919)	0. 1901 (0. 2074)	0. 1796 (0. 2001)
SIZE	− 0. 0328 ** (0. 0130)	− 0. 0361 ** (0. 0129)	− 0. 0337 ** (0. 0128)	− 0. 0378 ** (0. 0129)	− 0. 0400 ** (0. 0128)
AGE	0. 0008 (0. 0343)	0. 0068 (0. 0346)	0. 0000 (0. 0348)	− 0. 0056 (0. 0349)	− 0. 0082 (0. 0348)
INDU	0. 1872 ** (0. 0598)	0. 2142 *** (0. 0598)	0. 2347 *** (0. 0595)	0. 2116 *** (0. 0598)	0. 2147 *** (0. 0592)
EIE	0. 0764 (0. 0470)	0. 0826 + (0. 0468)	0. 0923 * (0. 0467)	0. 0834 + (0. 0477)	0. 0878 + (0. 0469)
PERF	0. 0635 + (0. 0336)	0. 0591 + (0. 0337)	0. 0654 + (0. 0335)	0. 0548 (0. 0337)	0. 0656 + (0. 0335)
FO	0. 0026 * (0. 0012)	0. 0024 * (0. 0012)	0. 0023 + (0. 0012)	0. 0023 + (0. 0012)	0. 0022 + (0. 0012)
FM	− 0. 0307 (0. 0516)	− 0. 0071 (0. 0520)	0. 0093 (0. 0519)	− 0. 0086 (0. 0526)	− 0. 0202 (0. 0520)
AREA	0. 0289 (0. 0513)	0. 0208 (0. 0508)	0. 0231 (0. 0508)	0. 0170 (0. 0505)	0. 0286 (0. 0502)
SFO		− 0. 0069 * (0. 0028)	− 0. 0082 ** (0. 0029)	− 0. 0065 * (0. 0028)	− 0. 0066 * (0. 0028)
SFO^2		0. 0001 * (0. 0000)	0. 0001 * (0. 0000)	0. 0001 * (0. 0000)	0. 0001 * (0. 0000)

项目	模型 1	模型 2	模型 3	模型 4	模型 5
SFM		0.0612 * (0.0243)	0.0746 ** (0.0244)	0.0797 ** (0.0263)	0.0823 ** (0.0250)
TA			−0.0200 (0.0284)		
$SFO \times TA$			0.0047 (0.0030)		
$SFO^2 \times TA$			−0.0001 * (0.0000)		
$SFM \times TA$			−0.0500 * (0.0251)		
ID				0.0103 (0.0306)	
$SFO \times ID$				0.0081 * (0.0035)	
$SFO^2 \times ID$				−0.0001 * (0.0000)	
$SFM \times ID$				−0.0895 * (0.0427)	
NID					0.0119 (0.0338)
$SFO \times NID$					0.0081 * (0.0039)
$SFO^2 \times NID$					−0.0001 * (0.0001)
$SFM \times NID$					−0.1281 ** (0.0419)
R^2	0.0890	0.1226	0.1564	0.1515	0.1624
Adj. R^2	0.0591	0.0826	0.1030	0.0978	0.1094
F	2.9796 **	3.0627 **	2.9286 ***	2.8203 ***	3.0632 ***
N	253	253	253	253	253

注：+ 表示 $p < 0.10$，* 表示 $p < 0.05$，** 表示 $p < 0.01$，*** 表示 $p < 0.001$；括号内数字为标准误。

表 5.3	家族二代所有权与管理权对家族企业国际化广度影响的分析结果				
项目	模型 1	模型 2	模型 3	模型 4	模型 5
_Cons	0.8200 (0.5298)	0.8920 + (0.5344)	0.7028 (0.5362)	1.4840 * (0.5771)	1.0351 + (0.5632)
SIZE	0.0327 (0.0372)	0.0179 (0.0369)	0.0295 (0.0358)	0.0213 (0.0359)	0.0218 (0.0361)
AGE	0.1280 (0.0983)	0.1345 (0.0991)	0.0900 (0.0971)	0.0593 (0.0972)	0.0672 (0.0979)
INDU	0.1773 (0.1717)	0.2652 (0.1709)	0.3466 * (0.1663)	0.2902 + (0.01664)	0.3164 + (0.1667)
EIE	0.0027 (0.1349)	0.0047 (0.1337)	0.0561 (0.1304)	0.1037 (0.1328)	0.0614 (0.1321)
PERF	0.1113 (0.0964)	0.1023 (0.0963)	0.1197 (0.0935)	0.1275 (0.0938)	0.1370 (0.0944)
FO	−0.0055 (0.0034)	−0.0068 * (0.0034)	−0.0075 * (0.0034)	−0.0071 * (0.0033)	−0.0067 * (0.0034)
FM	0.1877 (0.1481)	0.2458 + (0.1484)	0.3176 * (0.1451)	0.2659 + (0.1465)	0.2889 * (0.1463)
AREA	−0.1327 (0.1471)	−0.1526 (0.1451)	−0.1296 (0.1419)	−0.1491 (0.1405)	−0.1420 (0.1412)
SFO		−0.0191 * (0.0081)	−0.0267 ** (0.0081)	−0.0181 * (0.0078)	−0.0193 * (0.0079)
SFO^2		0.0003 * (0.0001)	0.0004 ** (0.0001)	0.0003 * (0.0001)	0.0004 ** (0.0001)
SFM		0.1924 ** (0.0693)	0.2475 *** (0.0682)	0.2746 *** (0.0731)	0.2229 ** (0.0703)
TA			0.0133 (0.0794)		
$SFO \times TA$			0.023 ** (0.008)		
$SFO^2 \times TA$			−0.0004 ** (0.0001)		

项目	模型 1	模型 2	模型 3	模型 4	模型 5
FM × TA			− 0. 1960 ** (0.0702)		
ID				− 0. 1902 * (0.0852)	
SFO × ID				0. 0218 * (0.0098)	
SFO^2 × ID				− 0. 0004 ** (0.0001)	
SFM × ID				− 0. 2690 * (0.1189)	
NID					− 0. 0774 (0.0953)
SFO × NID					0. 0140 * (0.0111)
SFO^2 × NID					− 0. 0003 * (0.0002)
SFM × NID					− 0. 1987 + (0.1180)
R^2	0.0583	0.1012	0.1735	0.1753	0.1669
Adj. R^2	0.0274	0.0601	0.1212	0.1231	0.1141
F	1. 8887 +	2. 4660 **	3. 3169 ***	3. 3580 ***	3. 1647 ***
N	253	253	253	253	253

注： + 表示 $p < 0.10$， * 表示 $p < 0.05$， ** 表示 $p < 0.01$， *** 表示 $p < 0.001$；括号内数字为标准误。

5.4.2.1　家族二代所有权与管理权对家族企业国际化的影响

表 5.2 和表 5.3 的模型 1 为仅仅放入控制变量的基础模型回归结果，表 5.2 和表 5.3 的模型 2 为在模型 1 的基础上加入解释变量（家族二代所有权一次项和平方项、家族二代管理权）后的回归模型，以检验家族二代所有权、家族二代管理权对家族企业国际化影响的主效应。表 5.2 的模型

2 显示，家族二代所有权一次项对家族企业国际化深度具有显著的负向影响（$\beta = -0.0069$，$p < 0.05$），家族二代所有权平方项对家族企业国际化深度具有显著的正向影响（$\beta = 0.0001$，$p < 0.05$），表明家族二代所有权对家族企业国际化深度具有显著的 U 型影响。表 5.3 的模型 2 显示，家族二代所有权一次项对家族企业国际化广度具有显著的负向影响（$\beta = -0.0191$，$p < 0.05$），家族二代所有权平方项对家族企业国际化广度具有显著的正向影响（$\beta = 0.0003$，$p < 0.05$），表明家族二代所有权对家族企业国际化广度具有显著的 U 型影响。以上分析表明，随着家族二代所有权增加，家族二代所有权对家族企业国际化深度、国际化广度的影响呈现出先下降后上升的 U 型态势。假设 H5.1 得到验证。主要原因是：家族二代所有权较低时，此类家族企业更加关注社会情感财富目标（Gómez-Mejía et al.，2007），为保护社会情感财富二代不愿意选择高风险的国际化战略（Gómez-Mejía et al.，2010），同时较低的家族二代所有权意味着二代实施国际化战略的权力和合法性较低，导致家族二代所有权对国际化有负向影响；然而，随着家族二代所有权进一步增加，家族企业更加关注经济目标（Gómez-Mejía et al.，2007），同时二代实施国际化战略的权力和合法性增大，因此二代具有更强的意愿和能力实施国际化战略，导致家族二代所有权对国际化有正向影响。此外，表 5.2 和表 5.3 的模型 2 分别显示家族二代管理权对家族企业国际化深度、国际化广度具有显著的正向影响（$\beta = 0.0612$，$p < 0.05$；$\beta = 0.1924$，$p < 0.01$），说明家族二代管理权越大，家族企业国际化深度、国际化广度越大。假设 H5.2 得到验证。主要原因是：二代管理者接受过更好的教育、具有更多的海外学习或工作经历，以及在未给企业做出重大贡献之前就被赋予了家族所积累的社会资本（Sharma，2008）等，能够提升其探索国际市场机会及处理国际复杂性的能力（Giannetti et al.，2015），导致家族二代管理权对国际化具有积极影响。

结合家族二代所有权、家族二代管理权的影响效果，对于家族二代所有权低或家族二代所有权高的家族企业而言，当家族二代管理权高时，家族企业国际化深度、国际化广度较大；对于家族二代所有权处于中等水平的家族企业而言，当家族二代管理权高时，家族企业国际化深度、国际化广度处于中等水平。

5.4.2.2 代际权威的调节效应

表5.2和表5.3的模型3在模型2的基础上引入代际权威与家族二代所有权一次项的交互项（SFO × TA）、代际权威与家族二代所有权平方项的交互项（SFO^2 × TA）、代际权威与家族二代管理权的交互项（SFM × TA），以检验代际权威对家族二代所有权、家族二代管理权与家族企业国际化关系的调节效应。回归结果显示：代际权威与家族二代所有权平方项的交互项（SFO^2 × TA）对家族企业国际化深度、国际化广度具有显著的负向影响（$\beta = -0.0001$，$p < 0.05$；$\beta = -0.0004$，$p < 0.01$）；代际权威与家族二代管理权的交互项（SFM × TA）对家族企业国际化深度、国际化广度具有显著的负向影响（$\beta = -0.0500$，$p < 0.05$；$\beta = -0.1960$，$p < 0.01$）。

为了更直观地观察代际权威的调节效应，本章根据代际权威的中位数把样本家族企业划分为两个子样本，分组回归结果如表5.4和表5.5所示。在代际权威小的样本组中，家族二代所有权对家族企业国际化深度的U型影响（$\beta = -0.0098$，$p < 0.05$；$\beta = 0.0001$，$p < 0.05$）大于代际权威大的样本组中的影响（$\beta = -0.0041$，$p > 0.10$；$\beta = 0.0000$，$p > 0.10$），家族二代所有权对家族企业国际化广度的U型影响（$\beta = -0.0323$，$p < 0.05$；$\beta = 0.0005$，$p < 0.01$）大于代际权威大的样本组中的影响（$\beta = -0.0116$，$p > 0.10$；$\beta = 0.0001$，$p > 0.10$）；同时，在代际权威小的样本组中，家族二代管理权对家族企业国际化深度的正向影响（$\beta = 0.1232$，$p < 0.01$）大于代际权威大的样本组中的影响（$\beta = 0.0371$，$p > 0.10$），家族二代管理权对家族企业国际化广度的正向影响（$\beta = 0.3857$，$p < 0.01$）大于代际权威大的样本组中的影响（$\beta = 0.0976$，$p > 0.10$）。综上所述，代际权威削弱了家族二代所有权、家族二代管理权对家族企业国际化深度、国际化广度的作用，即一代创始人与二代继任者之间权威差异越小，家族二代所有权对家族企业国际化深度、广度的U型影响越明显，家族二代管理权对家族企业国际化深度、广度的正向影响越明显。假设 H5.3 得到验证。

表 5.4　家族二代所有权与管理权对家族企业国际化深度影响的分样本分析结果

项目	代际权威		正式制度距离		非正式制度距离	
	大	小	大	小	大	小
_Cons	0.3948	−0.0275	0.0355	0.2137	0.1367	0.2279
	(0.3001)	(0.2511)	(0.3159)	(0.2384)	(0.3838)	(0.2182)
SIZE	−0.0218	−0.0405 *	−0.0482 *	−0.0264	−0.0344	−0.0387 *
	(0.0177)	(0.0197)	(0.0194)	(0.0191)	(0.0209)	(0.0171)
AGE	−0.0858	0.0348	0.0635	−0.0211	0.0448	−0.0287
	(0.0644)	(0.0426)	(0.0634)	(0.0436)	(0.0654)	(0.0416)
INDU	0.2432 **	0.1915 *	0.3000 **	0.1285	0.2751 **	0.1657 *
	(0.0889)	(0.0829)	(0.0870)	(0.0858)	(0.0976)	(0.0763)
EIE	0.1143	0.0736	0.0238	0.1242 +	0.0204	0.1295 *
	(0.0720)	(0.0637)	(0.0739)	(0.0643)	(0.0786)	(0.0601)
PERF	0.0107	0.1110 *	0.0850	0.0603	0.0238	0.0933 *
	(0.0510)	(0.0456)	(0.0529)	(0.0462)	(0.0649)	(0.0408)
FO	0.0011	0.0032 *	0.0024	0.0019	0.0028	0.0014
	(0.0019)	(0.0016)	(0.0019)	(0.0016)	(0.0023)	(0.0014)
FM	0.1232	−0.0958	−0.0356	0.0013	−0.0722	0.0225
	(0.0815)	(0.0695)	(0.0846)	(0.0684)	(0.0929)	(0.0635)
AREA	0.0450	−0.0020	−0.0076	0.0348	0.1271	−0.0477
	(0.0785)	(0.0674)	(0.0830)	(0.0661)	(0.0852)	(0.0642)
SFO	−0.0041	−0.0098 *	−0.0038	−0.0101 **	−0.0023	−0.0102 **
	(0.0038)	(0.0044)	(0.0046)	(0.0037)	(0.0047)	(0.0036)
SFO^2	0.0000	0.0001 *	0.000054	0.00012 *	0.0000	0.0001 *
	(0.0001)	(0.0001)	(0.0001)	(0.0001)	(0.0001)	(0.0001)
SFM	0.0371	0.1232 **	0.0453	0.0892 *	0.0194	0.1115 **
	(0.0313)	(0.0398)	(0.0312)	(0.0427)	(0.0377)	(0.0331)
R^2	0.1536	0.1924	0.1812	0.1252	0.1622	0.1783
Adj. R^2	0.0586	0.1245	0.0893	0.0517	0.0550	0.1151
F	1.6169	2.8365 **	1.9713 *	1.7045 +	1.5136	2.8212 **
N	110	143	110	143	98	155

注：+ 表示 $p < 0.10$，* 表示 $p < 0.05$，** 表示 $p < 0.01$，*** 表示 $p < 0.001$；括号内数字为标准误。

表 5.5　　　　　家族二代所有权与管理权对家族企业国际化广度

影响的分样本分析结果

项目	代际权威		正式制度距离		非正式制度距离	
	大	小	大	小	大	小
_Cons	0.3602 (0.7537)	1.0049 (0.7624)	0.8085 (0.9062)	1.0718 + (0.6333)	1.2084 (0.9725)	0.9609 (0.6348)
SIZE	0.0710 (0.0444)	− 0.0339 (0.0597)	0.0540 (0.0558)	− 0.0327 (0.0507)	0.0704 (0.0530)	− 0.0288 (0.0497)
AGE	0.2558 (0.1616)	0.0686 (0.1295)	0.1540 (0.1818)	0.0102 (0.1159)	0.1193 (0.1657)	0.0492 (0.1211)
INDU	0.2505 (0.2231)	0.4063 (0.2517)	0.3570 (0.2500)	0.1564 (0.2281)	0.0769 (0.2472)	0.4231 + (0.2222)
EIE	0.3045 + (0.1807)	− 0.2344 (0.1935)	− 0.1604 (0.2121)	0.1192 (0.1709)	− 0.2082 (0.1992)	0.1856 (0.1750)
PERF	0.0451 (0.1281)	0.2067 (0.1386)	0.1437 (0.1519)	0.1632 (0.1228)	0.2012 (0.1645)	0.0776 (0.1186)
FO	− 0.0103 * (0.0048)	− 0.0044 (0.0048)	− 0.0108 + (0.0055)	− 0.0031 (0.0043)	− 0.0150 * (0.0058)	− 0.0021 (0.0042)
FM	0.3419 + (0.2040)	0.2627 (0.2109)	− 0.0700 (0.2429)	− 0.4836 ** (0.1818)	0.0157 (0.2354)	0.3493 + (0.1849)
AREA	0.0777 (0.1970)	− 0.3525 + (0.2047)	0.1401 (0.2382)	− 0.4165 * (0.1756)	0.0891 (0.2158)	− 0.3607 + (0.1869)
SFO	− 0.0116 (0.0095)	− 0.0323 * (0.0125)	− 0.0041 (0.0131)	− 0.0299 ** (0.0098)	0.0053 (0.0119)	− 0.0348 ** (0.0104)
SFO^2	0.0001 (0.0001)	0.0005 ** (0.0002)	0.0000 (0.0001)	0.0053 *** (0.0001)	− 0.0001 (0.0001)	0.0007 *** (0.0002)
SFM	0.0976 (0.0787)	0.3857 ** (0.1210)	0.0860 (0.0895)	0.4335 *** (0.1134)	0.0299 (0.0955)	0.3138 ** (0.0962)
R^2	0.2025	0.1528	0.1495	0.2269	0.2180	0.2032
Adj. R^2	0.1130	0.0817	0.0540	0.1620	0.1179	0.1419
F	2.2625 *	2.1481 *	1.5658	3.4956 ***	2.1789 *	3.3147 **
N	110	143	110	143	98	155

注：+ 表示 $p < 0.10$，* 表示 $p < 0.05$，** 表示 $p < 0.01$，*** 表示 $p < 0.001$；括号内数字为标准误。

5.4.2.3　正式制度距离的调节效应

表 5.2 和表 5.3 的模型 4 在模型 2 的基础上引入正式制度距离与家族二代所有权一次项的交互项（SFO × ID）、正式制度距离与家族二代所有权平方项的交互项（SFO^2 × ID）、正式制度距离与家族二代管理权的交互项（SFM × ID），以检验正式制度距离对家族二代所有权、家族二代管理权与家族企业国际化关系的调节效应。回归结果显示：正式制度距离与家族二代所有权平方项的交互项（SFO^2 × ID）对家族企业国际化深度、国际化广度具有显著的负向影响（$\beta = -0.0001$，$p < 0.05$；$\beta = -0.0004$，$p < 0.01$）；正式制度距离与家族二代管理权的交互项（SFM × ID）对家族企业国际化深度、国际化广度具有显著的负向影响（$\beta = -0.0895$，$p < 0.05$；$\beta = -0.2690$，$p < 0.05$）。

为了更直观地观察正式制度距离的调节效应，本章根据正式制度距离的中位数将样本家族企业进行分组，分组回归结果如表 5.4 和表 5.5 所示。在正式制度距离小的样本组中，家族二代所有权对家族企业国际化深度的 U 型影响（$\beta = -0.0101$，$p < 0.01$；$\beta = 0.00012$，$p < 0.05$）大于正式制度距离大的样本组中的影响（$\beta = -0.0038$，$p > 0.10$；$\beta = 0.000054$，$p > 0.10$），家族二代所有权对家族企业国际化广度的 U 型影响（$\beta = -0.0299$，$p < 0.01$；$\beta = 0.0053$，$p < 0.001$）大于正式制度距离大的样本组中的影响（$\beta = -0.0041$，$p > 0.10$；$\beta = 0.0000$，$p > 0.10$）；同时，在正式制度距离小的样本组中，家族二代管理权对家族企业国际化深度的正向影响（$\beta = 0.0892$，$p < 0.05$）大于正式制度距离大的样本组中的影响（$\beta = 0.0453$，$p > 0.10$），家族二代管理权对家族企业国际化广度的正向影响（$\beta = 0.4335$，$p < 0.001$）大于正式制度距离大的样本组中的影响（$\beta = 0.0860$，$p > 0.10$）。综上所述，正式制度距离削弱了家族二代所有权、家族二代管理权对家族企业国际化深度、国际化广度的作用，即母国与东道国之间正式制度距离越小，家族二代所有权对家族企业国际化深度、广度的 U 型影响越明显，家族二代管理权对家族企业国际化深度、广度的正向影响越明显。假设 H5.4a 得到验证。

5.4.2.4　非正式制度距离的调节效应

表 5.2 和表 5.3 的模型 5 在模型 2 的基础上引入非正式制度距离与家族二代所有权一次项的交互项（SFO × NID）、非正式制度距离与家族二代所有权平方项的交互项（SFO^2 × NID）、非正式制度距离与家族二代管理权的交互项（SFM × NID），以检验非正式制度距离对家族二代所有权、家族二代管理权与家族企业国际化关系的调节效应。回归结果显示：非正式制度距离与家族二代所有权平方项的交互项（SFO^2 × NID）对家族企业国际化深度、国际化广度具有显著的负向影响（$\beta = -0.0001$，$p < 0.05$；$\beta = -0.0003$，$p < 0.05$）；非正式制度距离与家族二代管理权的交互项（SFM × NID）对家族企业国际化深度、国际化广度具有显著的负向影响（$\beta = -0.1281$，$p < 0.01$；$\beta = -0.1987$，$p < 0.10$）。

为了更直观地观察非正式制度距离的调节效应，本章根据非正式制度距离的中位数将样本家族企业进行分组，分组回归结果如表 5.4 和表 5.5 所示。在非正式制度距离小的样本组中，家族二代所有权对家族企业国际化深度的 U 型影响（$\beta = -0.0102$，$p < 0.01$；$\beta = 0.0001$，$p < 0.05$）大于非正式制度距离大的样本组中的影响（$\beta = -0.0023$，$p > 0.10$；$\beta = 0.0000$，$p > 0.10$），家族二代所有权对家族企业国际化广度的 U 型影响（$\beta = -0.0348$，$p < 0.01$；$\beta = 0.0007$，$p < 0.001$）大于非正式制度距离大的样本组中的影响（$\beta = 0.0053$，$p > 0.10$；$\beta = -0.0001$，$p > 0.10$）；同时，在非正式制度距离小的样本组中，家族二代管理权对家族企业国际化深度的正向影响（$\beta = 0.1115$，$p < 0.01$）大于非正式制度距离大的样本组中的影响（$\beta = 0.0194$，$p > 0.10$），家族二代管理权对家族企业国际化广度的正向影响（$\beta = 0.3138$，$p < 0.01$）大于非正式制度距离大的样本组中的影响（$\beta = 0.0299$，$p > 0.10$）。综上所述，非正式制度距离削弱了家族二代所有权、家族二代管理权对家族企业国际化深度、国际化广度的作用，即母国与东道国之间非正式制度距离越小，家族二代所有权对家族企业国际化深度、广度的 U 型影响越明显，家族二代管理权对家族企业国际化深度、广度的正向影响越明显。假设 H5.4b 得到验证。

5.4.3　稳健性检验

为了更全面地考察家族二代所有权、家族二代管理权对家族企业国际化的影响效应，本章采取以下两种方法进行稳健性检验：

第一，选择家族二代（儿子、女儿、儿媳、女婿等）担任企业高管（含总经理）、或董事（含董事长）职位或持有企业股份，并且具有国际业务的家族企业作为研究对象，获得 110 个家族企业样本。检验结果见表 5.6 和表 5.7，其结论与前文结论基本一致。

表 5.6　　　　　家族二代所有权与管理权对家族企业国际化
深度的影响：稳健性检验结果（1）

项目	模型 1	模型 2	模型 3	模型 4	模型 5
_Cons	0.7333 $^+$ (0.3752)	0.7416 * (0.3678)	0.5421 (0.4056)	0.7981 $^+$ (0.4138)	0.8517 * (0.4210)
SIZE	− 0.0247 0.0200)	− 0.0316 (0.0197)	− 0.0239 (0.0194)	− 0.0338 $^+$ (0.0195)	− 0.0375 $^+$ (0.0195)
AGE	− 0.0975 (0.0623)	− 0.0760 (0.0614)	− 0.0953 (0.0614)	− 0.1134 $^+$ (0.0622)	− 0.1020 (0.0639)
INDU	0.2096 * (0.0956)	0.2609 ** (0.0951)	0.3041 ** (0.0937)	0.2462 * (0.0947)	0.2693 ** (0.0941)
EIE	0.0725 (0.0725)	0.0855 (0.0720)	0.1033 (0.0704)	0.1039 (0.0735)	0.1056 (0.0726)
PERF	0.0274 (0.0495)	0.0228 (0.0495)	0.0390 (0.0487)	0.0155 (0.0487)	0.0343 (0.0494)
FO	− 0.0056 (0.0022)	− 0.0012 (0.0022)	− 0.0008 (0.0021)	− 0.0012 (0.0022)	− 0.0013 (0.0022)

项目	模型 1	模型 2	模型 3	模型 4	模型 5
FM	−0.0587 (0.0817)	−0.0088 (0.0818)	0.0388 (0.0829)	−0.0169 (0.0830)	−0.0294 (0.0829)
AREA	0.0998 (0.0798)	0.0838 (0.0785)	0.0764 (0.0770)	0.0705 (0.0771)	0.0849 (0.0773)
SFO		−0.0075 * (0.0033)	−0.0088 ** (0.0033)	−0.0061 + (0.0033)	−0.0063 + (0.0032)
SFO^2		0.0001 * (0.0000)	0.0001 * (0.0000)	0.0001 + (0.0000)	0.0001 + (0.0000)
SFM		0.0528 + (0.0293)	0.0750 * (0.0299)	0.0806 * (0.0328)	0.0770 * (0.0301)
TA			−0.0065 (0.0630)		
SFO × TA			0.0051 (0.0035)		
SFO^2 × TA			−0.0001 + (0.0000)		
SFM × TA			−0.0552 + (0.0328)		
ID				0.0175 (0.0571)	
SFO × ID				0.0089 * (0.0040)	
SFO^2 × ID				−0.0001 * (0.0000)	
SFM × ID				−0.1020 * (0.0503)	
NID					−0.0188 (0.0729)

续表

项目	模型1	模型2	模型3	模型4	模型5
SFO × NID					0.0108 * (0.0047)
SFO^2 × NID					−0.0001 * (0.0001)
SFM × NID					−0.1120 * (0.0512)
R^2	0.0893	0.1608	0.2400	0.2359	0.2439
Adj. R^2	0.0172	0.0666	0.1184	0.1137	0.1233
F	1.2383	1.7072 +	1.9763 *	1.9324 *	2.0219 *
N	110	110	110	110	110

注：+ 表示 $p < 0.10$，* 表示 $p < 0.05$，** 表示 $p < 0.01$，*** 表示 $p < 0.001$；括号内数字为标准误。

表5.7　　　　家族二代所有权与管理权对家族企业国际化
广度的影响：稳健性检验结果（1）

项目	模型1	模型2	模型3	模型4	模型5
_Cons	2.7550 * (1.1345)	2.7336 * (1.1114)	0.8792 (1.1613)	3.0333 * (1.2108)	2.8979 ** (1.2562)
SIZE	0.0145 (0.0606)	−0.0080 (0.0596)	0.0324 (0.0557)	0.0041 (0.0571)	−0.0012 (0.0582)
AGE	0.2295 (0.1885)	0.3012 (0.1855)	0.1460 (0.1759)	0.1061 (0.1819)	0.1445 (0.1911)
INDU	0.1069 (0.2890)	0.2657 (0.2872)	0.3891 (0.2682)	0.2568 (0.2771)	0.3488 (0.2809)
EIE	0.0588 (0.2192)	0.0616 (0.2174)	0.1378 (0.2017)	0.2511 (0.2150)	0.1642 (0.2165)
PERF	−0.0630 (0.1498)	−0.0557 (0.1500)	−0.0104 (0.1394)	−0.0279 (0.1426)	0.0067 (0.1474)
FO	−0.0185 ** (0.0067)	−0.0211 ** (0.0066)	−0.0202 ** (0.0061)	−0.0195 ** (0.0063)	−0.0196 ** (0.0066)

项目	模型1	模型2	模型3	模型4	模型5
FM	−0.2244 (0.2471)	−0.0841 (0.2470)	0.1460 (0.2374)	0.0327 (0.2430)	0.0504 (0.2474)
AREA	0.1658 (0.2141)	0.1020 (0.2371)	0.1021 (0.2206)	0.0220 (0.2256)	0.0233 (0.2307)
SFO		−0.0219 * (0.0099)	−0.0276 ** (0.0093)	−0.0174 + (0.0096)	−0.0213 * (0.0096)
SFO^2		0.0003 * (0.0001)	0.0004 ** (0.0001)	0.0002 * (0.0001)	0.0004 ** (0.0001)
SFM		0.1541 + (0.0885)	0.2730 ** (0.0857)	0.2805 ** (0.0959)	0.1849 * (0.0898)
TA			0.3738 * (0.1803)		
SFO × TA			0.0106 (0.0101)		
SFO^2 × TA			−0.0003 * (0.0001)		
SFM × TA			−0.3182 ** (0.0938)		
ID				−0.1381 (0.1671)	
SFO × ID				0.0213 + (0.0116)	
SFO^2 × ID				−0.0004 * (0.0001)	
SFM × ID				−0.3126 * (0.1470)	
NID					−0.1222 (0.2175)
SFO × NID					0.0193 (0.0139)

项目	模型1	模型2	模型3	模型4	模型5
$SFO^2 \times NID$					$-0.0004 \, ^*$ (0.0002)
$SFM \times NID$					-0.1544 (0.1528)
R^2	0.1138	0.1848	0.3368	0.3036	0.2835
Adj. R^2	0.0436	0.0934	0.2310	0.1925	0.1692
F	1.6211	2.0203 *	3.1830 ***	2.7322 **	2.4800 **
N	110	110	110	110	110

注：+表示 $p < 0.10$，*表示 $p < 0.05$，**表示 $p < 0.01$，***表示 $p < 0.001$；括号内数字为标准误。

由表5.6和表5.7可知，家族二代所有权对家族企业国际化深度具有显著的 U 型影响（$\beta = -0.0075$，$p < 0.05$；$\beta = 0.0001$，$p < 0.05$），家族二代所有权对家族企业国际化广度具有显著的 U 型影响（$\beta = -0.0219$，$p < 0.05$；$\beta = 0.0003$，$p < 0.05$），家族二代管理权对家族企业国际化深度、广度具有显著的正向影响（$\beta = 0.0528$，$p < 0.10$；$\beta = 0.1541$，$p < 0.10$）；代际权威与家族二代所有权平方项的交互项（$SFO^2 \times TA$）对家族企业国际化深度、广度具有显著的负向影响（$\beta = -0.0001$，$p < 0.10$；$\beta = -0.0003$，$p < 0.05$），代际权威与家族二代管理权的交互项（$SFM \times TA$）对家族企业国际化深度、广度具有显著的负向影响（$\beta = -0.0552$，$p < 0.10$；$\beta = -0.3182$，$p < 0.01$）；正式制度距离与家族二代所有权平方项的交互项（$SFO^2 \times ID$）对家族企业国际化深度、广度具有显著的负向影响（$\beta = -0.0001$，$p < 0.05$；$\beta = -0.0004$，$p < 0.05$），正式制度距离与家族二代管理权的交互项（$SFM \times ID$）对家族企业国际化深度、广度具有显著的负向影响（$\beta = -0.1020$，$p < 0.05$；$\beta = -0.3126$，$p < 0.05$）；非正式制度距离与家族二代所有权平方项的交互项（$SFO^2 \times NID$）对家族企业国际化深度、广度具有显著的负向影响（$\beta = -0.0001$，$p < 0.05$；$\beta = -0.0004$，$p < 0.05$），非正式制度距离与家族二代管理权的交互项

（SFM×NID）对家族企业国际化深度具有显著的负向影响（$\beta = -0.1120$，$p < 0.05$；$\beta = -0.1544$，$p > 0.10$）。

第二，剔除具有境外直接投资的家族企业样本。获得 206 个仅具有出口贸易的家族企业样本。回归结果见表 5.8 和表 5.9，其结论与前文结论基本一致。

表 5.8　　　　家族二代所有权与管理权对家族企业国际化
深度的影响：稳健性检验结果（2）

项目	模型 1	模型 2	模型 3	模型 4	模型 5
_Cons	0.2038 (0.2029)	0.1769 (0.2032)	0.2117 (0.2124)	0.1990 (0.2272)	0.1540 (0.2148)
SIZE	-0.0312* (0.0155)	-0.0340* (0.0153)	-0.0341* (0.0152)	-0.0362* (0.0153)	-0.0425** (0.0154)
AGE	-0.0069 (0.0368)	0.0074 (0.0366)	0.0067 (0.0367)	-0.0059 (0.0369)	-0.0097 (0.0366)
INDU	0.1592* (0.0695)	0.1787** (0.0681)	0.2045** (0.0678)	0.1787** (0.0681)	0.1953** (0.0674)
EIE	0.0811 (0.0531)	0.0832 (0.0521)	0.0888+ (0.0515)	0.0922+ (0.0527)	0.0872+ (0.0518)
PERF	0.0279 (0.0378)	0.0283 (0.0375)	0.0254 (0.0370)	0.0196 (0.0374)	0.0434 (0.0375)
FO	0.0038** (0.0014)	0.0037** (0.0013)	0.0035* (0.0014)	0.0037** (0.0013)	0.0035* (0.0013)
FM	-0.0213 (0.0576)	0.0142 (0.0575)	0.0207 (0.0573)	0.0065 (0.0587)	-0.0116 (0.0678)
AREA	-0.0074 (0.0563)	-0.0352 (0.0555)	-0.0316 (0.0558)	-0.0307 (0.0555)	-0.0233 (0.0546)
SFO		-0.0115** (0.0033)	-0.0146*** (0.0035)	-0.0111** (0.0033)	-0.0116*** (0.0033)
SFO^2		0.0001** (0.0000)	0.0002*** (0.0000)	0.0001** (0.0000)	0.0001** (0.000)

续表

项目	模型1	模型2	模型3	模型4	模型5
SFM		0.0663 * (0.0335)	0.0851 * (0.0337)	0.0912 * (0.0354)	0.0953 ** (0.0342)
TA			-0.0127 (0.0324)		
SFO × TA			0.0104 * (0.0043)		
SFO^2 × TA			-0.0001 * (0.0001)		
SFM × TA			-0.1055 * (0.0461)		
ID				0.0153 (0.0340)	
SFO × ID				0.0076 + (0.0044)	
SFO^2 × ID				-0.0001 + (0.0001)	
SFM × ID				-0.1296 * (0.0563)	
NID					0.0283 (0.0353)
SFO × NID					0.0081 + (0.042)
SFO^2 × NID					-0.0001 + (0.0001)
SFM × NID					-0.1494 ** (0.0479)
R^2	0.0931	0.1492	0.1936	0.1824	0.1990
Adj. R^2	0.0562	0.1010	0.1300	0.1178	0.1358
F	2.5271 *	3.0926 **	3.0417 ***	2.8256 **	3.1473 ***
N	206	206	206	206	206

注：+ 表示 $p < 0.10$，* 表示 $p < 0.05$，** 表示 $p < 0.01$，*** 表示 $p < 0.001$；括号内数字为标准误。

表 5.9　　　　　　家族二代所有权与管理权对家族企业国际化
广度的影响：稳健性检验结果（2）

项目	模型 1	模型 2	模型 3	模型 4	模型 5
_Cons	1.3192 * (0.5525)	1.4141 * (0.5591)	1.2930 * (0.5877)	1.9608 ** (0.5984)	1.5699 ** (0.5755)
SIZE	-0.0281 (0.0421)	-0.0428 (0.0420)	-0.0328 (0.0419)	-0.0402 (0.0404)	-0.0480 (0.0413)
AGE	0.0832 (0.1001)	0.0826 (0.1006)	0.0578 (0.1016)	-0.0116 (0.0973)	0.0035 (0.0979)
INDU	0.1676 (0.1893)	0.2019 (0.1874)	0.2807 (0.1875)	0.2660 (0.1793)	0.3150 + (0.1807)
EIE	-0.0129 (0.1445)	-0.0383 (0.1434)	-0.0433 (0.1425)	0.0754 (0.1390)	0.0372 (0.1389)
PERF	0.1315 (0.1030)	0.1483 (0.1031)	0.1444 (0.1024)	0.1434 (0.0986)	0.2096 * (0.1005)
FO	-0.0039 (0.0037)	-0.0054 (0.0037)	-0.0059 (0.0037)	-0.0045 (0.0036)	-0.0049 (0.0036)
FM	0.2722 + (0.1569)	0.3159 * (0.1583)	0.3669 * (0.1584)	0.3227 * (0.1545)	0.3560 * (0.1548)
AREA	-0.3071 * (0.1531)	-0.3423 * (0.1527)	-0.2804 + (0.1543)	-0.2968 * (0.1462)	-0.3216 * (0.1462)
SFO		-0.0181 * (0.0090)	-0.0234 * (0.0096)	-0.0177 * (0.0087)	-0.0188 * (0.0087)
SFO^2		0.0003 * (0.0001)	0.0003 * (0.0001)	0.0003 * (0.0001)	0.0004 ** (0.0001)
SFM		0.1874 * (0.0923)	0.2282 * (0.0932)	0.2811 ** (0.0923)	0.2171 * (0.0917)
TA			0.0012 * (0.0895)		
SFO × TA			0.0180 (0.0118)		
SFO^2 × TA			-0.0003 * (0.0002)		

续表

项目	模型1	模型2	模型3	模型4	模型5
SFM × TA			−0.0483 (0.1274)		
ID				−0.1812* (0.0896)	
SFO × ID				0.0194+ (0.0117)	
SFO² × ID				−0.0003* (0.0001)	
SFM × ID				−0.4482** (0.147)	
NID					−0.1068 (0.0945)
SFO × NID					0.0132 (0.0113)
SFO² × NID					0.0003* (0.0002)
SFM × NID					−0.2610* (0.1282)
R^2	0.0538	0.0935	0.1308	0.2013	0.1907
Adj. R^2	0.0154	0.0422	0.0622	0.1382	0.1268
F	1.400	1.8220+	1.9065*	3.1919***	2.9850***
N	206	206	206	206	206

注：+表示 $p < 0.10$，*表示 $p < 0.05$，**表示 $p < 0.01$，***表示 $p < 0.001$；括号内数字为标准误。

由以上两种稳健性检验结果知，本章研究结论具有较好的稳健性。

5.4.4 进一步分析

已有的研究指出，代际传承可以通过影响家族企业的国际化资源与能力积累，进而影响家族企业国际化战略选择（Pukall & Calabrò，2014；Shi et al. ，2019），国际市场知识是企业国际化的关键资源以及企业成功进入国际市场的必要条件（Casillas et al. ，2009）。因此，我们借鉴巴伦和肯尼（Baron & Kenny，1986）的中介效应检验方法，重点分析国际市场知识是否会在家族二代所有权、家族二代管理权与家族企业国际化关系中发挥中介作用。其中，对国际市场知识（IMK）的测量，借鉴了赛星格等（Cesinger et al. ，2016）的量表，包括"与同行主要竞争对手相比本企业有关国际市场的客户需求信息"等 7 个测量题项，采用从"1 很差"到"5 很好"的李克特五点量表度量，量表的 Cronbach'α 为 0.941。回归结果如表 5.10 所示。

表 5.10　　　　家族二代所有权与管理权对家族企业国际化的
影响：中介效应检验结果

项目	国际市场知识 （IMK）	国际化深度 （DEPT）	国际化深度 （DEPT）	国际化广度 （BREA）	国际化广度 （BREA）
_Cons	2. 5400 *** （0. 4134）	0. 1590 （0. 1870）	− 0. 0900 （0. 1968）	0. 8920 + （0. 5344）	0. 4600 （0. 5709）
SIZE	− 0. 0098 （0. 0285）	− 0. 0361 ** （0. 0129）	− 0. 0351 ** （0. 0126）	0. 0179 （0. 0369）	0. 0216 （0. 0366）
AGE	− 0. 0083 （0. 0767）	0. 0068 （0. 0346）	0. 0076 （0. 0339）	0. 1345 （0. 0991）	0. 1359 （0. 0984）
INDU	0. 2341 （0. 1322）	0. 2142 *** （0. 0598）	0. 1913 ** （0. 0589）	0. 2652 （0. 1709）	0. 2253 （0. 1708）
EIE	0. 4521 *** （0. 1034）	0. 0826 + （0. 0468）	0. 0383 （0. 0476）	0. 0047 （0. 1337）	− 0. 0722 （0. 1380）
PERF	0. 1537 * （0. 0745）	0. 0591 + （0. 0337）	0. 0441 （0. 0326）	0. 1023 （0. 0963）	0. 0761 （0. 0965）
FO	− 0. 0015 （0. 0027）	0. 0024 * （0. 0012）	0. 0025 * （0. 0012）	− 0. 0068 * （0. 0034）	− 0. 0066 + （0. 0034）
FM	− 0. 0018 （0. 1148）	− 0. 0071 （0. 0520）	− 0. 0069 （0. 0508）	0. 2458 + （0. 1484）	0. 2461 + （0. 1475）
AREA	0. 0803 （0. 1122）	0. 0208 （0. 0508）	0. 0130 （0. 0497）	− 0. 1526 （0. 1451）	− 0. 1663 （0. 1443）

续表

项目	国际市场知识 （IMK）	国际化深度 （DEPT）	国际化深度 （DEPT）	国际化广度 （BREA）	国际化广度 （BREA）
SFO	−0.0150* （0.0062）	−0.0069* （0.0028）	−0.0054+ （0.0028）	−0.0191* （0.0081）	−0.0165* （0.0081）
SFO^2	0.0002* （0.0001）	0.000084* （0.0001）	0.000063 （0.0000）	0.0003* （0.0001）	0.0002* （0.0001）
SFM	0.1399* （0.0536）	0.0612* （0.0243）	0.0475* （0.0241）	0.1924** （0.0693）	0.1686* （0.0698）
IMK			0.0980** （0.0285）		0.1702* （0.0827）
R^2	0.1368	0.1226	0.1638	0.1012	0.1168
Adj. R^2	0.0974	0.0826	0.1220	0.0601	0.0726
F	3.4733***	3.0627**	3.9187***	2.4660**	2.6437**
N	253	253	253	253	253

注：$+p<0.10$，$*p<0.05$，$**p<0.01$，$***p<0.001$；括号内数字为标准误。表中第 3 列、第 4 列分别表示未加入国际市场知识变量时、加入国际市场知识变量后，家族二代所有权对家族企业国际化深度影响的实证结果；表中第 5 列、第 6 列分别表示未加入国际市场知识变量时、加入国际市场知识变量后，家族二代所有权对家族企业国际化广度影响的实证结果。

由表 5.10 可知，家族二代所有权对国际市场知识具有显著的 U 型影响（$\beta = -0.0150$，$p<0.05$；$\beta = 0.0002$，$p<0.05$），家族二代管理权对国际市场知识具有显著的正向影响（$\beta = 0.1399$，$p<0.05$）；加入国际市场知识变量后，家族二代所有权对家族企业国际化深度的 U 型影响变小但不显著（未加入国际市场知识变量时，$\beta = -0.0069$，$p<0.05$；$\beta = 0.000084$，$p<0.05$。加入国际市场知识变量后，$\beta = -0.0054$，$p<0.10$；$\beta = 0.000063$，$p>0.10$），家族二代管理权对家族企业国际化深度的正向影响变小但仍然显著（$\beta = 0.0612$，$p<0.05$；$\beta = 0.0475$，$p<0.05$），国际市场知识对家族企业国际化深度具有显著的正向影响（$\beta = 0.0980$，$p<0.01$）；同时，加入国际市场知识变量后，家族二代所有权对家族企业国际化广度的 U 型影响变小且显著（未加入国际市场知识变量时：$\beta = -0.0191$，$p<0.05$；$\beta = 0.0003$，$p<0.05$。加入国际市场知识变量

后：$\beta = -0.0165$，$p < 0.05$；$\beta = 0.0002$，$p < 0.05$），家族二代管理权对家族企业国际化广度的正向影响变小且显著（$\beta = 0.1924$，$p < 0.01$；$\beta = 0.1686$，$p < 0.05$），国际市场知识对家族企业国际化广度具有显著的正向影响（$\beta = 0.1702$，$p < 0.05$）。以上分析表明：国际市场知识在家族二代所有权与国际化深度之间起完全中介作用，国际市场知识在家族二代所有权与国际化广度之间起部分中介作用，国际市场知识在家族二代管理权与国际化深度、国际化广度之间起部分中介作用。

5.5　结论与讨论

5.5.1　研究结论

国际化扩张是家族企业构建核心竞争优势、转型升级和持续成长的重要战略选择。改革开放 40 多年以来，中国家族企业迎来了代际传承的高峰期，同时也面临着转型升级和持续成长的挑战。如何利用代际传承的契机开展国际化经营活动，对于中国家族企业转型升级和持续成长具有重要现实意义。本章利用中国 7 个省（直辖市）家族企业的问卷调查数据，实证研究家族二代所有权、家族二代管理权对家族企业国际化的影响；同时，引入代际权威、正式制度距离、非正式制度距离作为情境因素，探讨三个情境因素对家族二代所有权、家族二代管理权与家族企业国际化关系的调节效应，以揭示家族二代所有权与管理权对家族企业国际化的作用边界和适用情境。主要研究结论如下：第一，家族二代所有权对家族企业国际化深度、国际化广度具有先下降后上升的 U 型影响，家族二代管理权对家族企业国际化深度、国际化广度具有显著的正向影响。第二，代际权威、正式制度距离、非正式制度距离削弱了家族二代所有权、家族二代管理权与家族企业国际化深度、国际化广度之间的关系，即一代创始人与二代继任者之间权威差异越小、或母国与东道国之间正式制度距离、非正式制度距离越小，家族二代所有权对国际化深度、国际化广度的 U 型影响越明显，家族二代管理权对国际化深度、国际化广度的正向影响越明显。进一步研究发现，国际市场知识在家族二代所有权与家族企业国际化深度之间起完全中介作用，国际市场知识在家族二代所有权与家族企业国际化广度之间起部分中介作用，国际市场知识在家族二代管理权与家族企业国际化深度、国际化广度之间起部分中介作用。

5.5.2　研究意义

本章的理论贡献主要体现在以下两个方面：第一，结合国际化的资源观、社会情感财富理论和制度理论，利用 2020 年 8～11 月对中国 7 个省市家族企业的问卷调查数据，实证研究家族二代所有权与管理权对家族企业国际化的影响；同时，引入代际权威、制度距离作为情境变量，揭示家族二代所有权与管理权对家族企业国际化的作用边界或适用情境；此外，引入国际市场知识作为中介变量，揭示家族二代所有权与管理权影响家族企业国际化的过程机制。这一研究有助于弥补目前国内外学术界侧重于讨论家族后代涉入对家族企业是否国际化、国际化深度的直接影响的研究缺陷，丰富和发展家族企业代际传承与国际化关系的研究文献，也丰富和发展新兴经济体家族企业国际化前因和代际传承后果的研究文献。第二，本章引入正式制度距离和非正式制度距离这两个重要的情境因素，研究正式制度距离和非正式制度距离对家族二代所有权、家族二代管理权与家族企业国际化关系的调节效应，这是对制度理论视角下的家族企业国际化研究文献的有益补充。

本章研究结论具有重要的实践意义和政策启示：第一，要重视家族管理权（事业）传承。本章发现，明确的家族管理权（事业）传承有助于家族企业国际化扩张，因此，家族企业创始人要重视家族管理权（事业）传承，在二代继承人培养上要尽早放权，让二代继承人担任企业关键管理职位，并在代际传承过程中帮助二代继承人尽早构建权威合法性。第二，要谨慎推进家族所有权（财富）传承。本章发现，早期的家族所有权（财富）传承不利于家族企业"走出去"战略的顺利实施；然而，随着家族企业代际传承过程的推进，家族所有权（财富）传承对家族企业国际化具有积极促进作用。因此，家族企业创始人要谨慎推进家族所有权（财富）传承，有计划地将家族所有权传递给家族二代成员，充分发挥家族二代所有权对家族企业国际化的积极效应。第三，家族企业要积极主动采取针对性措施，以降低制度距离对家族企业国际化的负面影响。本章发现，国家之间的正式制度距离和非正式制度距离会削弱家族二代所有权与管理权对家族企业国际化的影响。因此，家族企业应特别关注母国与东道国在宏观制度环境和文化环境等方面的差异所带来的诸多风险，在其他条件相同的情况下，家族企业可以优先考虑在制度距离较小的国家出口或投资，以降低制度距离的不利影响，确保家族二代所有权与管理权对家族企业国际化的提升效应得到充分释放。第四，政府相关部门要进一步建设和完善家族企业国际化成长的制度环境，如进一步完善民营（家族）企业投资、贸易和融资环境；同时加强与非正式制度距离较大国家之间的跨文化交流，增进相互之间的文化融合与信任，为家族企业"走出去"扫清制度障碍。

第 6 章

二代继任方式对家族企业
国际化的影响研究

6.1　引言

改革开放40余年孕育起来的中国家族企业正进入代际传承高峰时期，而国际化则是家族企业持续成长的重要战略选择（Alayo et al.，2019）。代际传承会影响家族企业国际化战略决策，但现有文献主要关注家族后代权力涉入对家族企业国际化的影响（Stieg et al.，2017；Fang et al.，2018；Dou et al.，2019；Mariotti et al.，2021），忽视了二代继任方式对家族企业国际化的作用（Shi et al.，2019）。中国家族企业二代继任方式主要包括渐进式继任和激进式继任两种不同类型（邹立凯等，2019）。渐进式继任方式指二代继承人从中低层做起，逐步进入企业决策层；激进式继任方式则指二代继承人"空降"进入企业决策层。渐进式继任方式会直接增加家族企业国际化的资源池（Shi et al.，2019），同时有助于二代继承人构建权威合法性（Barach & Ganitsky，

1995；邹立凯等，2019），从而使二代继承人更有意愿和能力实施国际化战略。

家族企业代际传承过程中父辈与二代继承人之间的权威关系即代际权威会发生变化（Osnes，2011）。代际权威不同意味着二代继承人在家族企业战略决策制定过程中的自由裁量权和合法性不同（Björnberg & Nicholson，2007），影响二代继任方式与家族企业国际化之间的关系。在中国经济转型时期，创始人社会身份蕴含着个人能力（Li et al.，2007）和权力优势（Chen & Wu，2011；柳建坤和何晓斌，2020），直接增加家族企业国际化的资源池，同时也有助于二代继承人构建权威合法性（邹立凯等，2019）。因此，创始人社会身份可能会削弱二代渐进式继任方式对家族企业国际化的作用。此外，不同年龄的二代继承人在家族企业中的权威合法性不同，影响二代继任方式对家族企业国际化战略决策发挥作用。

对此，本章拟利用 2020 年 8～11 月对重庆、浙江等 7 个省（市）家族企业的问卷调查数据，研究二代继任方式对家族企业国际化的影响；同时，分析代际权威、创始人社会身份以及继承人年龄对上述影响关系的调节效应，以揭示二代继任方式对家族企业国际化影响的作用情境。因此，本章拓展了家族企业代际传承与国际化关系的研究视角，对于我国家族企业代际传承与国际化战略决策也具有启示意义。

6.2 理论分析与研究假设

6.2.1 二代继任方式对家族企业国际化的影响

二代继任方式影响继承人实施国际化战略的意愿。与激进式继任方式相比，渐进式继任方式使二代继承人在接班前已经在家族企业拥有一定的工作经历，更容易理解企业文化和企业战略（Wiersema，1992；万希，

2007），因此对家族企业的认同度较高，进而能够提升继承人的风险承受能力（Sieger et al.，2013；陈灿君和许长新，2021）；同时，继承人在经过长期考核后进入企业决策层，更容易建立个人权威（邹立凯等，2019；Barach & Ganitsky，1995），因此在进行风险决策时更容易得到家族成员、企业管理层和员工等的认可与支持（窦军生等，2020），从而更愿意选择高风险的国际化战略。相反，在激进式继任方式下，二代继承人长期在家族企业外部工作，缺乏深入了解企业文化和价值观的机会，这使得他们很难理解企业文化和企业战略，因此组织认同度较低，从而降低继承人的风险承受能力；同时，继承人以空降方式进入企业决策层，在进行风险决策时难以获得家族成员、企业管理层和员工等的认可与支持（窦军生等，2020），导致继承人不愿意选择高风险的国际化战略。

二代继任方式影响继承人实施国际化战略的能力。家族企业领导者有动机使用个人隐性知识和关系网络来推动国际化经营活动（Cesinger et al.，2016），而不同继任方式下创始人隐性知识和关系网络向继承人的转移程度不同（Cabrera-Suárez et al.，2001；Yadav et al.，2007）。在渐进式继任方式下，创始人能够有针对性地将自身拥有的知识、技能、个人和商业网络传递给二代继承人，同时创始人还能够通过传承计划安排使二代继承人具备与企业现有业务相关的知识和技能，直接增加家族企业国际化的资源池（Shi et al.，2019）；此外，渐进式继任方式有助于二代继承人平稳地获得权威合法性（邹立凯等，2019；Barach & Ganitsky，1995），提升其资源调配能力，从而使继承人更有能力推动并贯彻落实国际化战略决策。相反，在激进式继任方式下，二代继承人可能会有意或无意忽略或拒绝创始人提供的帮助（Shi et al.，2019），因此激进式的二代继承人通常没有继承创始人现有的资源，而是依靠自身的关系网络获得新的资源，因此继承人实施国际化战略时可能无法接触到由创始人开发的关系网络，导致继承人的国际化资源范围很窄（Shi et al.，2019），进而限制继承人探索国际市场机会的能力；同时，在激进式继任方式下，二代继承人的权威合法性较低，资源调配能力较弱。因此本书提出以下研究假设：

H6.1：与激进式继任方式相比，采取渐进式继任方式的家族企业更倾向于选择国际化战略。

6.2.2 代际权威的调节效应

家族企业代际传承过程通常伴随着权威的改变、适应和巩固（Osnes，2011）。代际权威指父辈与后代之间的权威关系，这种权威关系决定了代际传承过程中后代继承人在决策制定中的自由裁量权和合法性程度（Björnberg & Nicholson，2007）。本章认为，二代继任方式对家族企业国际化的影响会受到代际权威的制约。在代际权威水平较大的情况下，二代继承人在家族企业决策制定中的自由裁量权和合法性较低（Björnberg & Nicholson，2007），此时二代继承人在家族企业国际化战略决策制定和实施中的作用较小，从而渐进式继任对家族企业国际化的作用较小；相反，在代际权威水平较低的情况下，二代继承人在家族企业决策制定中的自由裁量权和合法性较高（Björnberg & Nicholson，2007），二代继承人更有能力推动并贯彻落实国际化战略决策，从而渐进式继任方式对家族企业国际化的作用较大。因此本书提出以下研究假设：

H6.2：代际权威会削弱渐进式继任方式对家族企业国际化的促进作用，即渐进式继任方式对家族企业国际化的促进作用在代际权威大的家族企业更不明显。

6.2.3 创始人社会身份的调节效应

二代继任方式对家族企业国际化的作用会因为创始人社会身份不同而发生变化。第一，家族企业经营高度依赖创始人隐性知识和社会关系等家族资产（Fan et al.，2012）。创始人社会身份蕴含着个人能力（Li et al.，2007）和权力优势（Chen & Wu，2011；柳建坤和何晓斌，2020），直接增加家族企业国际化的资源池，降低二代渐进式继任方式的资源供应效应；同时，创始人社会身份也能够给创始人及其家族带来更高社会地位、声誉和认可度，因此创始人社会身份是家族企业社会情感财富的重要构成（胡旭阳和吴一平，2017）。社会情感财富是家族企业战略决策的重要参照点，家族企业会较少地选择国际化战略以规避社会情感财富的损失（Gómez-Mejía et al.，2010；Ray et al.，2018；Dou et al.，2019）。因此，当创始人拥有社会身份时，二代渐进式继任方式对家族企业国际化的作用较小。第二，家族企业二代继承人通常并不具备创始人所拥有的个人权威，而外部身份地位成为继承人树立个人权威的重要渠道（胡旭阳和吴一平，2016；邹立凯等，2019）。拥有社会身份的创始人权威合法性较高，而作为一致行动人的二代继承人的权威合法性也相应较高，此时二代继承人通过渐进式继任方式构建个人权威合法性的迫切性和压力较小，导致二代渐进式继任方式对家族企业国际化的作用较小。因此本书提出以下研究假设：

H6.3：创始人社会身份会削弱渐进式继任方式对家族企业国际化的促进作用，即渐进式继任方式对家族企业国际化的促进作用在创始人拥有社会身份的家族企业更不明显。

6.2.4 继承人年龄的调节效应

二代继任方式对家族企业国际化的影响会受到继承人年龄的制约。中国家族企业二代继承人通常面临"少主难以服众"的合法性劣势（李新春等，2015）。二代继承人年龄较小，意味着继承人在家族企业中的磨练可能不太充分，加之年轻和经验不足，因此继承人更不容易在家族企业内部建立个人权威或合法性。而渐进式继任方式通过让二代继承人在家族企业任职，有助于增强年轻继承人的权威合法性，使继承人更有能力推动并贯彻落实国际化战略决策。因此，在二代继承人年龄较小的情况下，渐进式继任方式对家族企业国际化的积极作用较大。相反，二代继承人年龄较大，意味着继承人经历较多的磨练，已经在家族企业内部建立了一定的个人权威或合法性，此时继承人通过渐进式方式构建个人权威合法性的迫切性和压力较小，从而渐进式继任方式对家族企业国际化的作用较小。因此本书提出以下研究假设：

H6.4：继承人年龄会削弱渐进式继任方式对家族企业国际化的促进作用，即渐进式继任方式对家族企业国际化的促进作用在继承人年龄大的家族企业更不明显。

综上所述，本章的研究模型如图 6.1 所示。

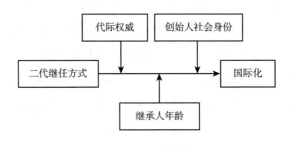

图6.1 研究模型

6.3 研究设计

6.3.1 样本与数据来源

本章数据来源于课题组 2020 年 8～11 月对重庆、浙江、山东、上海、江苏、广东、江西 7 省（市）253 家具有国际业务（出口、境外投资等）的样本家族企业的问卷调查数据。样本与数据收集的具体情况见第 1.3.2 小节。

6.3.2　变量测量

6.3.2.1　被解释变量

对国际化的测量，借鉴了卡福罗斯等（Kafouros et al.，2012）、王益民等（2017）的研究，采用国际化深度、国际化广度和国际化速度三类指标。（1）国际化深度（DEPT），定义为2019年企业出口销售收入占总销售收入的份额；（2）国际化广度（BREA），定义为企业国际化所涉及的国家数量，取自然对数；（3）国际化速度（SPEE），定义为企业国际化所涉及的国家数量除以企业首次国际化扩张至2019年以来的年份数。

6.3.2.2　解释变量

二代继任方式（SM），借鉴邹立凯等（2019）的研究，将二代担任企业高管（含总经理）或董事（含董事长）之前担任过本企业基层或中层管理职务视为渐进式继任方式，并定义为1；否则为0。

6.3.2.3　调节变量

（1）代际权威（TA），借鉴比约恩伯格和尼科尔森（Björnberg & Nicholson，2007）的量表，包括3个测量题项：本企业中父辈创业者的愿望得到了遵守、本企业中由父辈家族成员制定相关规则、本企业中父辈创业者讲的话就是"法律"，采用从"1完全不同意"到"5完全同意"的李克特五点量表度量，量表的Cronbach'α为0.731；（2）创始人社会身份（PI），将创始人担任社会职务定义为1，其他为0；（3）二代继承人年龄（SAGE），具体定义如下：1 = 20岁及以下，2 = 21～30岁，3 = 31～40岁，4 = 41岁及以上。

6.3.2.4　控制变量

本章选择了一些可能影响家族企业国际化的相关变量，包括企业规模、企业年限、产业类型、企业绩效、家族所有权、地区、二代继承人性别、二代继承人文化程度。（1）企业规模（SIZE），定义为企业 2019 年末资产总额，取自然对数；（2）企业年限（AGE），定义为企业经营年限，取自然对数；（3）产业类型（INDU），定义制造业为 1，其他行业为 0；（4）企业绩效（PERF），包括与同行主要竞争对手相比，近 3 年企业的销售增长率、利润水平、市场占有率和投资收益率 4 个测量题项，采用从"1 很差"到"5 很好"的李克特五点量表度量，量表的 Cronbach'α 为 0.876；（5）家族所有权（FO），定义为企业主及企业主的家族成员持有的企业股份比例；（6）地区（AREA），东部地区（浙江、山东、上海、江苏、广东）定义为 1，中西部地区（重庆、江西）为 0；（7）二代继承人性别（SGEN），女性定义为 1，男性为 0；（8）二代继承人文化程度（SEDU），研究生定义为 1，其他为 0。

6.4　实证分析结果

6.4.1　变量的描述性统计与相关性分析

表 6.1 对主要变量进行了描述性统计。结果显示：渐进式继任方式（SM）的均值为 0.261、标准差为 0.440，即有 26.1% 的样本家族企业选择了二代渐进式继任方式；国际化深度（DEPT）的均值和标准差分别为 0.469 和 0.371，国际化广度（BREA）的均值和标准差分别为 1.539 和 1.050，国际化速度（SPEE）的均值和标准差分别为 1.248 和 2.520，表明不同家族企业的国际化广度和国际化速度差异很大。从变量之间的相关系数看，家族企业国际化深度、广度、速度与渐进式继任方式之间显著正相关（$p < 0.10$），表明选择渐进式继任方式的家族企业更倾向于选择深度、广泛和快速进入国际市场。下面回归分析部分将对变量之间的关系做进一步检验。

表6.1　描述性统计分析与相关系数

变量	均值	标准差	DEPT	BREA	SPEE	SM	TA	PI	SAGE	FO	SIZE	AGE	INDU	PERF	AREA	SGEN
DEPT	0.469	0.371	1													
BREA	1.539	1.050	0.297***	1												
SPEE	1.248	2.520	0.116+	0.553***	1											
SM	0.261	0.440	0.157*	0.210**	0.118+	1										
TA	3.051	0.865	-0.059	-0.019	-0.143*	0.191**	1									
PI	0.237	0.426	-0.128*	0.010	-0.011	0.092	0.096	1								
SAGE	2.008	0.891	0.096	0.107+	-0.032	0.481***	0.152*	0.110+	1							
FO	83.811	19.506	0.160*	-0.113+	-0.204**	0.028	0.176**	-0.041	0.069	1						
SIZE	8.943	2.145	-0.096	0.151*	0.018	0.179**	0.038	0.252***	0.181**	-0.169**	1					
AGE	2.393	0.718	0.007	0.122+	-0.247***	0.254***	0.156*	0.284***	0.284***	0.056	0.293***	1				
INDU	0.783	0.413	0.149*	0.119+	-0.028	-0.014	0.065	0.181**	0.091	0.000	0.321***	0.183**	1			
PERF	3.385	0.716	0.070	0.126*	0.015	0.092	0.041	0.054	0.065	-0.111+	0.292***	0.105+	0.050	1		
AREA	0.435	0.497	0.025	-0.082	-0.026	0.024	-0.046	-0.058	-0.053	0.115*	-0.288***	0.084	-0.253***	-0.043	1	
SGEN	0.277	0.448	-0.130*	-0.141*	-0.116+	-0.025	0.001	0.071	-0.085	-0.040	0.022	-0.008	0.026	0.040	-0.043	1
SEDU	0.187	0.391	0.074	0.152*	0.018	0.200**	-0.097	-0.006	0.302***	0.000	0.120**	0.046	0.028	0.091	-0.177**	0.075

注：+表示 $p < 0.10$，*表示 $p < 0.05$，**表示 $p < 0.01$，***表示 $p < 0.001$；双侧检验。

6.4.2 假设检验

二代继任方式对家族企业国际化深度、广度和速度的影响的分析结果如表 6.2～表 6.4 所示。

表 6.2   二代继任方式对家族企业国际化深度影响的分析结果

项目	模型 1	模型 2	模型 3	模型 4	模型 5
_Cons	0.187 (0.190)	0.295 (0.191)	0.293 (0.190)	0.278 (0.190)	0.319 + (0.190)
FO	0.003 * (0.001)	0.003 * (0.001)	0.003 * (0.001)	0.003 * (0.001)	0.002 + (0.001)
SIZE	−0.028 * (0.013)	−0.032 * (0.013)	−0.032 * (0.012)	−0.031 * (0.012)	−0.035 ** (0.013)
AGE	0.009 (0.036)	−0.001 (0.035)	−0.007 (0.035)	0.001 (0.035)	−0.008 (0.035)
INDU	0.198 ** (0.059)	0.216 *** (0.059)	0.211 *** (0.059)	0.210 *** (0.059)	0.212 *** (0.059)
PERF	0.068 * (0.033)	0.066 * (0.033)	0.067 * (0.033)	0.068 * (0.033)	0.073 * (0.033)
AREA	0.012 (0.050)	0.002 (0.050)	−0.003 (0.049)	0.007 (0.049)	−0.007 (0.049)
SGEN	−0.095 + (0.051)	−0.096 + (0.050)	−0.091 + (0.050)	−0.099 + (0.050)	−0.098 + (0.050)
SEDU	0.049 (0.063)	0.032 (0.062)	0.035 (0.062)	0.040 (0.062)	0.015 (0.062)
TA	−0.041 (0.027)	−0.052 + (0.027)	−0.048 + (0.027)	−0.053 + (0.027)	−0.046 + (0.027)
PI	−0.109 + (0.056)	−0.109 + (0.056)	−0.109 + (0.055)	−0.099 + (0.055)	−0.110 * (0.055)
SAGE	0.035 (0.0028)	0.002 (0.030)	0.010 (0.030)	−0.002 (0.030)	0.016 (0.031)

续表

项目	模型 1	模型 2	模型 3	模型 4	模型 5
SM		0. 169 **	0. 183 **	0. 177 **	0. 220 **
		(0. 059)	(0. 059)	(0. 059)	(0. 064)
SM × TA			−0. 120 *		
			(0. 058)		
SM × PI				−0. 223 *	
				(0. 113)	
SM × SAGE					−0. 129 *
					(0. 062)
R^2	0. 128	0. 156	0. 172	0. 170	0. 171
Adj. R^2	0. 087	0. 114	0. 126	0. 125	0. 126
F	3. 176 ***	3. 678 ***	3. 776 ***	3. 736 ***	3. 772 ***
N	251	251	251	251	251

注：+ 表示 $p < 0.10$，* 表示 $p < 0.05$，** 表示 $p < 0.01$，*** 表示 $p < 0.001$；括号内数字为标准误。

表 6.3　二代继任方式对家族企业国际化广度影响的分析结果

项目	模型 1	模型 2	模型 3	模型 4	模型 5
_Cons	0. 965 +	1. 271 *	1. 264 *	1. 211 *	1. 354 *
	(0. 546)	(0. 549)	(0. 542)	(0. 544)	(0. 544)
FO	−0. 005	−0. 005	−0. 005	−0. 005	−0. 006 +
	(0. 003)	(0. 003)	(0. 003)	(0. 003)	(0. 003)
SIZE	0. 025	0. 015	0. 014	0. 019	0. 006
	(0. 036)	(0. 036)	(0. 036)	(0. 036)	(0. 036)
AGE	0. 132	0. 104	0. 080	0. 112	0. 078
	(0. 102)	(0. 102)	(0. 101)	(0. 101)	(0. 101)
INDU	0. 221	0. 271	0. 251	0. 251	0. 256
	(0. 171)	(0. 169)	(0. 167)	(0. 168)	(0. 167)
PERF	0. 107	0. 101	0. 107	0. 111	0. 127
	(0. 095)	(0. 094)	(0. 093)	(0. 093)	(0. 093)
AREA	−0. 036	−0. 063	−0. 083	−0. 048	−0. 097
	(0. 144)	(0. 142)	(0. 140)	(0. 141)	(0. 141)

项目	模型 1	模型 2	模型 3	模型 4	模型 5
SGEN	−0.396 ** (0.147)	−0.399 ** (0.145)	−0.380 ** (0.143)	−0.407 ** (0.143)	−0.406 ** (0.143)
SEDU	0.353 + (0.180)	0.305 + (0.178)	0.315 + (0.176)	0.332 + (0.177)	0.244 (0.179)
TA	−0.024 (0.079)	−0.056 (0.078)	−0.038 (0.078)	−0.056 (0.078)	−0.031 (0.078)
PI	−0.090 (0.162)	−0.091 (0.160)	−0.091 (0.157)	−0.057 (0.159)	−0.096 (0.158)
SAGE	0.033 (0.081)	−0.061 (0.087)	−0.030 (0.086)	−0.072 (0.086)	−0.009 (0.088)
SM		0.476 ** (0.170)	0.529 ** (0.169)	0.504 ** (0.169)	0.657 *** (0.182)
SM × TA			−0.452 ** (0.165)		
SM × PI				−0.772 * (0.324)	
SM × SAGE					−0.456 * (0.178)
R^2	0.097	0.126	0.153	0.149	0.150
Adj. R^2	0.056	0.082	0.107	0.100	0.103
F	2.346 **	2.866 **	3.295 ***	3.135 ***	3.213 ***
N	251	251	251	251	251

注：+表示 $p < 0.10$，* 表示 $p < 0.05$，** 表示 $p < 0.01$，*** 表示 $p < 0.001$；括号内数字为标准误。

表6.4　　　二代继任方式对家族企业国际化速度影响的分析结果

项目	模型 1	模型 2	模型 3	模型 4	模型 5
_Cons	5.455 *** (1.326)	6.291 *** (1.324)	6.232 *** (1.314)	6.158 *** (1.316)	6.513 *** (1.301)
FO	−0.021 * (0.008)	−0.021 * (0.008)	−0.021 * (0.008)	−0.021 * (0.008)	−0.025 ** (0.008)

续表

项目	模型 1	模型 2	模型 3	模型 4	模型 5
SIZE	0.091 (0.088)	0.069 (0.087)	0.070 (0.086)	0.073 (0.086)	0.040 (0.086)
AGE	-1.099*** (0.279)	-1.208*** (0.275)	-1.263*** (0.274)	-1.161*** (0.274)	-1.263*** (0.270)
INDU	0.094 (0.414)	0.217 (0.407)	0.183 (0.404)	0.157 (0.405)	0.200 (0.400)
PERF	-0.007 (0.228)	-0.025 (0.224)	-0.019 (0.222)	-0.001 (0.222)	0.052 (0.221)
AREA	0.249 (0.349)	0.187 (0.343)	0.135 (0.341)	0.217 (0.340)	0.075 (0.338)
SGEN	-0.780* (0.355)	-0.793* (0.347)	-0.736* (0.346)	-0.814* (0.345)	-0.802* (0.341)
SEDU	0.168 (0.443)	0.047 (0.436)	0.051 (0.432)	0.126 (0.434)	0.169 (0.433)
TA	-0.249 (0.199)	-0.322+ (0.193)	-0.273 (0.193)	-0.330+ (0.191)	-0.262 (0.190)
PI	0.333 (0.391)	0.320 (0.383)	0.299 (0.380)	0.410 (0.383)	0.302 (0.376)
SAGE	0.065 (0.194)	-0.195 (0.206)	-0.144 (0.206)	-0.215 (0.205)	-0.043 (0.208)
SM		1.315** (0.403)	1.421** (0.403)	1.367** (0.401)	1.826*** (0.428)
SM×TA			-0.858* (0.400)		
SM×PI				-1.615* (0.780)	
SM×SAGE					-1.321** (0.423)
R^2	0.130	0.169	0.186	0.185	0.203
Adj. R^2	0.088	0.125	0.139	0.138	0.158
F	3.102**	3.849***	3.963***	3.934**	4.440***
N	240	240	240	240	240

注：+表示 $p<0.10$，*表示 $p<0.05$，**表示 $p<0.01$，***表示 $p<0.001$；括号内数字为标准误。

6.4.2.1 二代继任方式对家族企业国际化的影响

表 6.2 ~ 表 6.4 的模型 2 分别报告了渐进式继任方式对家族企业国际化深度、广度和速度影响的检验结果。结果显示：渐进式继任方式对家族企业国际化深度、广度和速度具有显著的正向影响（$\beta = 0.169$, $p < 0.01$; $\beta = 0.476$, $p < 0.01$; $\beta = 1.315$, $p < 0.01$）；在考虑了代际权威、创始人社会身份和继承人年龄的调节效应之后，渐进式继任方式对家族企业国际化深度、广度和速度的正向影响关系依然显著存在。这说明相对于激进式继任方式，采取渐进式继任方式的家族企业更倾向于选择深度、广泛和快速进入国际市场。因此假设 H6.1 得到验证。

6.4.2.2 代际权威的调节效应

本章引入代际权威与渐进式继任方式的交互项（SM × TA），通过估计交互项系数来验证代际权威对二代继任方式与家族企业国际化关系的调节效应。表 6.2 的模型 3 显示，代际权威与渐进式继任方式的交互项（SM × TA）对家族企业国际化深度具有显著负向影响（$\beta = -0.120$, $p < 0.05$）。表 6.3 的模型 3 显示，代际权威与渐进式继任方式的交互项（SM × TA）对家族企业国际化广度具有显著负向影响（$\beta = -0.452$, $p < 0.01$）。表 6.4 的模型 3 显示，代际权威与渐进式继任方式的交互项（SM × TA）对家族企业国际化速度具有显著负向影响（$\beta = -0.858$, $p < 0.05$）。以上结果表明：代际权威显著地削弱了渐进式继任方式对家族企业国际化深度、广度和速度的促进作用，即渐进式继任方式对国际化深度、广度和速度的促进作用在代际权威大的家族企业更不明显。因此假设 H6.2 得到验证。

6.4.2.3 创始人社会身份的调节效应

本章引入创始人社会身份与渐进式继任方式的交互项（SM × PI），通过估计交互项系数来验证创始人社会身份对二代继任方式与家族企业国际化关系的调节效应。表 6.2 的模型 4 显示，创始人社会身份与渐进式继任方式的交互项（SM×PI）对家族企业国际化深度具有显著负向影响（$\beta = -0.223$，$p < 0.05$）。表 6.3 的模型 4 显示，创始人社会身份与渐进式继任方式的交互项（SM×PI）对家族企业国际化广度具有显著负向影响（$\beta = -0.772$，$p < 0.05$）。表 6.4 的模型 4 显示，创始人社会身份与渐进式继任方式的交互项（SM×PI）对家族企业国际化速度具有显著负向影响（$\beta = -1.615$，$p < 0.05$）。以上结果表明：创始人社会身份显著地削弱了渐进式继任方式对家族企业国际化深度、广度和速度的促进作用，即渐进式继任方式对国际化深度、广度和速度的促进作用在创始人拥有社会身份的家族企业更不明显。因此假设 H6.3 得到验证。

6.4.2.4 继承人年龄的调节效应

本章引入继承人年龄与渐进式继任方式的交互项（SM×SAGE），通过估计交互项系数来验证继承人年龄对二代继任方式与家族企业国际化关系的调节效应。表 6.2 的模型 5 显示，继承人年龄与渐进式继任方式的交互项（SM×SAGE）对家族企业国际化深度具有显著负向影响（$\beta = -0.129$，$p < 0.05$）。表 6.3 的模型 5 显示，继承人年龄与渐进式继任方式的交互项（SM×SAGE）对家族企业国际化广度具有显著负向影响（$\beta = -0.456$，$p < 0.05$）。表 6.4 的模型 5 显示，继承人年龄与渐进式继任方式的交互项（SM×SAGE）对家族企业国际化速度具有显著负向影响（$\beta = -1.321$，$p < 0.01$）。以上结果表明：继承人年龄显著地削弱了渐进式继任方式对家族企业国际化深度、广度和速度的促进作用，即渐进式继任方式对国际化深度、广度和速度的促进作用在继承人年龄大的家族企业更不明显。因此假设 H6.4 得到验证。

6.4.3 稳健性检验

第一，重新定义家族企业。将控制家族持股比例在 50% 以上且企业高管团队中至少有一名家族成员的企业界定为家族企业，得到 224 个家族企业样本。检验结果见表6.5、表6.6和表6.7，其结论与前文结论一致。

表 6.5　　　　　二代继任方式对家族企业国际化深度的
影响：稳健性检验结果（1）

项目	模型1	模型2	模型3	模型4	模型5
_Cons	0.230 (0.207)	0.370 + (0.206)	0.340 + (0.205)	0.337 (0.204)	0.373 + (0.205)
FO	0.002 + (0.001)	0.002 + (0.001)	0.002 + (0.001)	0.002 + (0.001)	0.002 (0.001)
SIZE	−0.030 * (0.013)	−0.036 ** (0.013)	−0.035 ** (0.013)	−0.034 ** (0.013)	−0.038 ** (0.013)
AGE	0.007 (0.038)	−0.005 (0.037)	−0.012 (0.037)	0.001 (0.037)	−0.011 (0.037)
INDU	0.180 ** (0.061)	0.205 ** (0.060)	0.200 ** (0.060)	0.197 ** (0.060)	0.199 ** (0.060)
PERF	0.055 (0.036)	0.057 (0.035)	0.061 (0.035)	0.064 + (0.035)	0.063 + (0.035)
AREA	0.012 (0.052)	0.004 (0.051)	−0.001 (0.051)	0.011 (0.051)	−0.007 (0.051)
SGEN	−0.106 + (0.055)	−0.109 * (0.053)	−0.102 + (0.053)	−0.112 * (0.053)	−0.111 * (0.053)
SEDU	0.056 (0.067)	0.024 (0.066)	0.028 (0.066)	0.032 (0.066)	0.006 (0.066)
TA	−0.020 (0.029)	−0.033 (0.029)	−0.028 (0.028)	−0.033 (0.028)	−0.025 (0.029)
PI	−0.101 + (0.059)	−0.101 + (0.057)	−0.103 + (0.057)	−0.088 (0.057)	−0.106 + (0.057)
SAGE	0.033 (0.030)	−0.009 (0.032)	0.000 (0.032)	−0.014 (0.029)	0.007 (0.033)
SM		0.209 ** (0.061)	0.215 ** (0.061)	0.219 *** (0.061)	0.255 *** (0.065)
SM × TA			−0.122 * (0.060)		

续表

项目	模型 1	模型 2	模型 3	模型 4	模型 5
SM × PI				−0. 271 * (0. 115)	
SM × SAGE					−0. 131 * (0. 064)
R^2	0. 119	0. 165	0. 181	0. 187	0. 181
Adj. R^2	0. 073	0. 117	0. 130	0. 136	0. 130
F	2. 571 **	3. 442 ***	3. 545 ***	3. 679 ***	3. 545 ***
N	222	222	222	222	222

注：+ 表示 $p < 0.10$，* 表示 $p < 0.05$，** 表示 $p < 0.01$，*** 表示 $p < 0.001$；括号内数字为标准误。

表 6.6　　　　　二代继任方式对家族企业国际化广度的

影响：稳健性检验结果（1）

项目	模型 1	模型 2	模型 3	模型 4	模型 5
_Cons	1. 895 ** (0. 594)	2. 207 *** (0. 598)	2. 110 *** (0. 593)	2. 125 *** (0. 594)	2. 217 *** (0. 591)
FO	− 0. 008 * (0. 004)	− 0. 008 * (0. 004)	− 0. 008 * (0. 004)	− 0. 008 * (0. 004)	− 0. 009 * (0. 004)
SIZE	0. 020 (0. 038)	0. 007 (0. 037)	0. 010 (0. 037)	0. 012 (0. 037)	0. 001 (0. 037)
AGE	0. 077 (0. 109)	0. 050 (0. 108)	0. 028 (0. 108)	0. 065 (0. 108)	0. 030 (0. 107)
INDU	0. 261 (0. 176)	0. 317 + (0. 175)	0. 298 + (0. 173)	0. 296 + (0. 174)	0. 297 + (0. 173)
PERF	− 0. 002 (0. 102)	0. 002 (0. 101)	0. 014 (0. 100)	0. 020 (0. 101)	0. 025 (0. 100)
AREA	− 0. 083 (0. 150)	− 0. 099 (0. 148)	− 0. 118 (0. 147)	− 0. 083 (0. 147)	− 0. 139 (0. 147)
SGEN	− 0. 412 ** (0. 157)	− 0. 418 ** (0. 155)	− 0. 397 * (0. 147)	− 0. 427 ** (0. 154)	− 0. 425 ** (0. 153)
SEDU	0. 463 * (0. 193)	0. 392 * (0. 193)	0. 408 * (0. 191)	0. 414 * (0. 191)	0. 331 + (0. 192)

续表

项目	模型1	模型2	模型3	模型4	模型5
TA	-0.058 (0.083)	-0.085 (0.083)	-0.069 (0.082)	-0.085 (0.082)	-0.058 (0.083)
PI	-0.101 (0.168)	-0.100 (0.166)	-0.107 (0.164)	-0.068 (0.165)	-0.120 (0.164)
SAGE	0.016 (0.087)	-0.079 (0.093)	-0.048 (0.093)	-0.092 (0.092)	-0.022 (0.095)
SM		0.466** (0.178)	0.487** (0.176)	0.491** (0.177)	0.627** (0.188)
SM×TA			-0.402* (0.173)		
SM×PI				-0.684* (0.333)	
SM×SAGE					-0.455* (0.186)
R^2	0.110	0.138	0.160	0.155	0.162
Adj. R^2	0.063	0.089	0.108	0.103	0.110
F	2.359**	2.796**	3.051***	2.944**	3.103***
N	222	222	222	222	222

注：+表示 $p<0.10$，*表示 $p<0.05$，**表示 $p<0.01$，***表示 $p<0.001$；括号内数字为标准误。

表6.7 　　　　　二代继任方式对家族企业国际化速度的
影响：稳健性检验结果（1）

项目	模型1	模型2	模型3	模型4	模型5
_Cons	6.652*** (1.516)	7.584*** (1.514)	7.378*** (1.511)	7.358*** (1.510)	7.600*** (1.487)
FO	-0.025* (0.010)	-0.025** (0.009)	-0.025** (0.009)	-0.026** (0.009)	-0.029** (0.009)
SIZE	0.083 (0.096)	0.048 (0.095)	0.059 (0.094)	0.053 (0.094)	0.030 (0.093)
AGE	-1.233*** (0.307)	-1.328*** (0.302)	-1.379*** (0.302)	-1.267*** (0.302)	-1.368*** (0.297)

续表

项目	模型 1	模型 2	模型 3	模型 4	模型 5
INDU	0.160 (0.452)	0.307 (0.445)	0.280 (0.443)	0.242 (0.444)	0.285 (0.437)
PERF	−0.105 (0.259)	−0.095 (0.254)	−0.080 (0.253)	−0.048 (0.254)	−0.023 (0.251)
AREA	0.154 (0.380)	0.113 (0.373)	0.065 (0.372)	0.155 (0.371)	−0.017 (0.369)
SGEN	−0.810* (0.401)	−0.835* (0.393)	−0.778* (0.393)	−0.857* (0.391)	−0.847* (0.386)
SEDU	0.182 (0.504)	−0.014 (0.497)	0.012 (0.495)	0.049 (0.496)	−0.238 (0.495)
TA	−0.291 (0.219)	−0.363⁺ (0.218)	−0.318 (0.216)	−0.362⁺ (0.214)	−0.296 (0.213)
PI	0.279 (0.427)	0.279 (0.418)	0.251 (0.416)	0.362 (0.418)	0.221 (0.411)
SAGE	0.080 (0.219)	−0.205 (0.233)	−0.153 (0.234)	−0.228 (0.232)	−0.039 (0.236)
SM		1.380** (0.444)	1.424** (0.443)	1.436** (0.443)	1.842*** (0.465)
SM × TA			−0.780⁺ (0.443)		
SM × PI				−1.555⁺ (0.848)	
SM × SAGE					−1.347** (0.469)
R^2	0.149	0.188	0.200	0.202	0.220
Adj. R^2	0.102	0.139	0.148	0.149	0.169
F	3.195**	3.859***	3.839***	3.863***	4.325***
N	213	213	213	213	213

注：+ 表示 $p < 0.10$，* 表示 $p < 0.05$，** 表示 $p < 0.01$，*** 表示 $p < 0.001$；括号内数字为标准误。

由表 6.5 ~ 表 6.7 可知，渐进式继任方式与家族企业国际化深度、广度和速度的系数显著为正（$\beta = 0.209$，$p < 0.01$；$\beta = 0.466$，$p < 0.01$；$\beta = 1.380$，$p < 0.01$）；代际权威与渐进式继任方式的交互项（SM × TA）与家族企业国际化深度、广度和速度的系数显著为负（$\beta = -0.122$，$p < 0.05$；$\beta = -0.402$，$p < 0.05$；$\beta = -0.780$，$p < 0.10$）；创始人社会身份与渐进式继任方式的交互项（SM × PI）与家族企业国际化深度、广度和速度的系数显著为负（$\beta = -0.271$，$p < 0.05$；$\beta = -0.684$，$p < 0.05$；$\beta = -1.555$，$p < 0.10$）；继承人年龄与渐进式继任方式的交互项（SM × SAGE）与家族企业国际化深度、广度和速度的系数显著为负（$\beta = -0.131$，$p < 0.05$；$\beta = -0.455$，$p < 0.05$；$\beta = -1.347$，$p < 0.01$）。

第二，选择已进入代际传承或完成代际传承的家族企业样本。以家族二代（儿子、女儿、儿媳、女婿等）担任企业高管（含总经理）或董事（含董事长）职位或持有企业股份来表示家族企业进入代际传承或完成代际传承，得到 118 个家族企业样本①。检验结果见表 6.8、表 6.9 和表 6.10，其结论与前文结论基本一致。

表 6.8　　　　　二代继任方式对家族企业国际化深度的
影响：稳健性检验结果（2）

项目	模型 1	模型 2	模型 3	模型 4	模型 5
_Cons	0.493 (0.352)	0.521 (0.346)	0.517 (0.341)	0.415 (0.344)	0.580 [+] (0.342)
FO	0.001 (0.002)	0.001 (0.002)	0.002 (0.002)	0.002 (0.002)	0.001 (0.002)
SIZE	-0.009 (0.018)	-0.014 (0.018)	-0.014 (0.018)	-0.012 (0.018)	-0.020 (0.018)
AGE	-0.016 (0.059)	-0.032 (0.058)	-0.054 (0.059)	-0.028 (0.058)	-0.033 (0.058)

① 118 个样本中有 8 个样本家族企业没有开展国际化经营活动。

续表

项目	模型1	模型2	模型3	模型4	模型5
INDU	0.198 *	0.220 *	0.220 *	0.203 *	0.220 *
	(0.086)	(0.085)	(0.084)	(0.084)	(0.084)
PERF	0.024	0.035	0.037	0.044	0.042
	(0.047)	(0.047)	(0.046)	(0.046)	(0.046)
AREA	−0.031	−0.030	−0.025	−0.013	−0.038
	(0.072)	(0.071)	(0.070)	(0.070)	(0.070)
SGEN	−0.225 **	−0.230 **	−0.230 **	−0.237 **	−0.239 **
	(0.073)	(0.072)	(0.071)	(0.071)	(0.071)
SEDU	0.128	0.105	0.104	0.116	0.112
	(0.083)	(0.082)	(0.081)	(0.081)	(0.081)
TA	−0.056	−0.066 +	−0.066 +	−0.059	−0.059
	(0.037)	(0.037)	(0.036)	(0.036)	(0.037)
PI	−0.160 *	−0.145 +	−0.124	−0.136 +	−0.142 +
	(0.079)	(0.077)	(0.076)	(0.076)	(0.076)
SAGE	0.020	−0.014	−0.004	−0.016	0.001
	(0.043)	(0.045)	(0.044)	(0.044)	(0.044)
SM		0.162 *	0.159 *	0.158 *	0.145 *
		(0.073)	(0.072)	(0.072)	(0.072)
SM × TA			−0.144 *		
			(0.070)		
SM × PI				−0.303 *	
				(0.140)	
SM × SAGE					−0.176 *
					(0.086)
R^2	0.208	0.244	0.273	0.276	0.273
Adj. R^2	0.125	0.157	0.182	0.186	0.182
F	2.536 **	2.817 ***	2.999 **	3.054 **	3.000 **
N	118	118	118	118	118

注：+ 表示 $p < 0.10$，* 表示 $p < 0.05$，** 表示 $p < 0.01$，*** 表示 $p < 0.001$；括号内数字为标准误。

表6.9　　　　　　　二代继任方式对家族企业国际化广度的

影响：稳健性检验结果（2）

项目	模型 1	模型 2	模型 3	模型 4	模型 5
_Cons	3. 727 ** (1. 170)	3. 779 ** (1. 157)	3. 391 ** (1. 156)	3. 380 ** (1. 171)	3. 709 ** (1. 154)
FO	− 0. 020 ** (0. 007)	− 0. 019 ** (0. 007)	− 0. 017 * (0. 007)	− 0. 017 * (0. 007)	− 0. 101 ** (0. 007)
SIZE	0. 010 (0. 058)	− 0. 008 (0. 058)	0. 005 (0. 057)	− 0. 001 (0. 057)	− 0. 015 (0. 058)
AGE	0. 392 * (0. 187)	0. 369 * (0. 197)	0. 311 + (0. 185)	0. 394 * (0. 184)	0. 374 * (0. 185)
INDU	0. 094 (0. 276)	0. 163 (0. 275)	0. 139 (0. 271)	0. 125 (0. 274)	0. 152 (0. 275)
PERF	− 0. 101 (0. 147)	− 0. 067 (0. 147)	− 0. 057 (0. 145)	− 0. 034 (0. 147)	− 0. 045 (0. 147)
AREA	− 0. 162 (0. 229)	− 0. 168 (0. 227)	− 0. 145 (0. 223)	− 0. 135 (0. 225)	− 0. 177 (0. 226)
SGEN	− 0. 465 * (0. 232)	− 0. 477 * (0. 230)	− 0. 464 * (0. 226)	− 0. 491 * (0. 228)	− 0. 477 * (0. 229)
SEDU	0. 333 (0. 260)	0. 286 (0. 258)	0. 301 (0. 255)	0. 316 (0. 257)	0. 301 (0. 258)
TA	− 0. 095 (0. 120)	− 0. 122 (0. 119)	− 0. 101 (0. 118)	− 0. 102 (0. 119)	− 0. 096 (0. 121)
PI	− 0. 394 (0. 243)	− 0. 347 (0. 242)	− 0. 281 (0. 240)	− 0. 332 (0. 240)	− 0. 358 (0. 241)
SAGE	− 0. 222 (0. 139)	− 0. 320 * (0. 147)	− 0. 264 + (0. 148)	− 0. 331 * (0. 146)	− 0. 278 + (0. 151)
SM		0. 417 + (0. 231)	0. 400 + (0. 227)	0. 417 + (0. 229)	0. 375 (0. 232)
SM × TA			− 0. 475 * (0. 236)		
SM × PI				− 0. 747 + (0. 447)	
SM × SAGE					− 0. 379 (0. 296)

续表

项目	模型1	模型2	模型3	模型4	模型5
R^2	0.202	0.229	0.259	0.250	0.241
Adj. R^2	0.112	0.132	0.159	0.148	0.138
F	2.255*	2.386*	2.582**	2.458**	2.344***
N	110	110	110	110	110

注: +表示 $p<0.10$, *表示 $p<0.05$, **表示 $p<0.01$, ***表示 $p<0.001$; 括号内数字为标准误。

表6.10 二代继任方式对家族企业国际化速度的
影响:稳健性检验结果(2)

项目	模型1	模型2	模型3	模型4	模型5
_Cons	14.114***	14.325***	14.267***	13.613***	14.812***
	(3.132)	(3.059)	(3.010)	(3.062)	(3.020)
FO	-0.072***	-0.067***	-0.064**	-0.064**	-0.071***
	(0.019)	(0.019)	(0.018)	(0.019)	(0.018)
SIZE	0.094	0.059	0.079	0.065	0.004
	(0.160)	(0.157)	(0.155)	(0.156)	(0.157)
AGE	-1.250*	-1.454**	-1.737**	-1.396**	-1.464**
	(0.534)	(0.528)	(0.537)	(0.524)	(0.519)
INDU	-0.088	0.079	0.062	-0.074	0.116
	(0.778)	(0.763)	(0.751)	(0.762)	(0.751)
PERF	-0.495	-0.398	-0.408	-0.331	-0.326
	(0.419)	(0.411)	(0.404)	(0.409)	(0.406)
AREA	-0.038	-0.008	0.021	0.123	-0.076
	(0.643)	(0.627)	(0.618)	(0.627)	(0.619)
SGEN	-0.661	-0.716	-0.683	-0.775	-0.793
	(0.649)	(0.634)	(0.625)	(0.630)	(0.626)
SEDU	-0.355	-0.542	-0.560	-0.415	-0.510
	(0.752)	(0.738)	(0.726)	(0.736)	(0.727)
TA	-0.100	-0.162	-0.109	-0.118	-0.114
	(0.346)	(0.339)	(0.334)	(0.337)	(0.334)

项目	模型1	模型2	模型3	模型4	模型5
PI	-0.069 (0.695)	0.068 (0.681)	0.219 (0.674)	0.169 (0.678)	0.075 (0.670)
SAGE	-0.674⁺ (0.379)	-1.002[*] (0.394)	-0.929[*] (0.389)	-1.020[*] (0.390)	-0.872[*] (0.393)
SM		1.565[*] (0.642)	1.590[*] (0.632)	1.528[*] (0.637)	1.413[*] (0.636)
SM × TA			-1.331[*] (0.644)		
SM × PI				-2.119⁺ (1.273)	
SM × SAGE					-1.552[*] (0.757)
R^2	0.226	0.270	0.300	0.289	0.299
Adj. R^2	0.142	0.182	0.208	0.196	0.207
F	2.683^{**}	3.075^{**}	3.261^{***}	3.102^{**}	3.252^{****}
N	113	113	113	113	113

注：+表示 $p < 0.10$，*表示 $p < 0.05$，**表示 $p < 0.01$，***表示 $p < 0.001$；括号内数字为标准误。

由表6.8~表6.10可知，渐进式继任方式对家族企业国际化深度、广度和速度有显著正向影响（$\beta = 0.162$，$p < 0.05$；$\beta = 0.417$，$p < 0.10$；$\beta = 1.565$，$p < 0.05$）；代际权威与渐进式继任方式的交互项（SM × TA）对家族企业国际化深度、广度和速度有显著负向影响（$\beta = -0.144$，$p < 0.05$；$\beta = -0.475$，$p < 0.05$；$\beta = -1.331$，$p < 0.05$）；创始人社会身份与渐进式继任方式的交互项（SM × PI）对家族企业国际化深度、广度和速度有显著负向影响（$\beta = -0.303$，$p < 0.05$；$\beta = -0.747$，$p < 0.10$；$\beta = -2.119$，$p < 0.10$）；继承人年龄与渐进式继任方式的交互项（SM × SAGE）对家族企业国际化深度和速度有显著负向影响（$\beta = -0.176$，$p < 0.05$；$\beta = -1.552$，$p < 0.05$）。

综合以上两种稳健性检验结果，本章研究结论具有较好的稳健性。

6.4.4 进一步分析

国际商务领域、战略管理领域的文献都强调国际化承诺在制定和实施国际化战略中的重要性（Pongelli et al.，2016；Coviello et al.，2017）。国际化承诺在很大程度上反映了企业探索和开发国际市场机会的实际资源部署（Vahlne & Johanson，2017），高水平的国际化承诺为家族企业探索和开发国际市场机会部署了更充足的资源，有助于促进家族企业国际化扩张（Graves et al.，2022）。但是，渐进式继任方式可能会抑制二代继承人及家族企业的国际化承诺水平（Shi et al.，2019），降低家族企业探索和开发国际市场机会的资源部署。因此，本书认为，渐进式继任方式会通过降低国际化承诺水平进而削弱其对家族企业国际化的积极效应，即国际化承诺在渐进式继任方式与家族企业国际化之间发挥遮掩效应。

为检验上述关系，我们借鉴了温忠麟和叶宝娟（2014）的检验方法，其中，对国际化承诺的测量，借鉴了珊苏德哈和艾莉（Shamsuddoha & Ali，2006）的量表，示例题项如"学习出口程序和文件是本企业优先考虑的问题"，采用从"1完全不同意"到"5完全同意"的李克特五点量表度量，量表的 Cronbach'α 为 0.768。回归结果见表 6.11。

表 6.11 二代继任方式对家族企业国际化的影响：遮掩效应检验结果

项目	模型1（IC）	模型2（DEPT）	模型3（DEPT）	模型4（BREA）	模型5（BREA）	模型6（SPEE）	模型7（SPEE）
_Cons	2.366 *** (0.497)	0.295 (0.191)	0.086 (0.195)	1.271 * (0.549)	0.920 (0.571)	6.291 *** (1.324)	6.411 *** (1.388)
FO	0.000 (0.003)	0.003 * (0.001)	0.003 * (0.001)	−0.005 (0.003)	−0.005 (0.003)	−0.021 * (0.008)	−0.021 * (0.008)
SIZE	0.045 (0.033)	−0.032 * (0.013)	−0.036 * (0.012)	0.015 (0.036)	0.008 (0.036)	0.069 (0.087)	0.070 (0.087)

续表

项目	模型 1 (IC)	模型 2 (DEPT)	模型 3 (DEPT)	模型 4 (BREA)	模型 5 (BREA)	模型 6 (SPEE)	模型 7 (SPEE)
AGE	-0.162^+ (0.092)	-0.001 (0.035)	0.013 (0.035)	0.104 (0.102)	0.128 (0.101)	-1.208^{***} (0.275)	-1.211^{***} (0.276)
INDU	0.211 (0.153)	0.216^{***} (0.059)	0.197^{**} (0.058)	0.271 (0.169)	0.240 (0.169)	0.217 (0.407)	0.225 (0.409)
PERF	0.195^* (0.085)	0.066^* (0.033)	0.049 (0.032)	0.101 (0.094)	0.073 (0.094)	-0.025 (0.224)	-0.014 (0.227)
AREA	-0.151 (0.129)	0.002 (0.050)	0.016 (0.048)	-0.063 (0.142)	-0.041 (0.142)	0.187 (0.343)	0.179 (0.344)
SGEN	-0.009 (0.131)	-0.096^+ (0.050)	-0.096^+ (0.049)	-0.399^{**} (0.145)	-0.398^{**} (0.144)	-0.793^* (0.347)	-0.794^* (0.348)
SEDU	0.236 (0.161)	0.032 (0.062)	0.011 (0.061)	0.305^+ (0.178)	0.270 (0.178)	0.047 (0.436)	0.062 (0.440)
TA	0.070 (0.071)	-0.052^+ (0.027)	-0.059^* (0.027)	-0.056 (0.078)	-0.066 (0.078)	-0.322^+ (0.193)	-0.320 (0.193)
PI	0.222 (0.144)	-0.109^+ (0.056)	-0.128^* (0.054)	-0.091 (0.160)	-0.124 (0.159)	0.320 (0.383)	0.334 (0.387)
SAGE	0.065 (0.078)	0.002 (0.030)	-0.004 (0.029)	-0.061 (0.087)	-0.071 (0.086)	-0.195 (0.206)	-0.191 (0.207)
SM	-0.304^* (0.154)	0.169^{**} (0.059)	0.196^{**} (0.058)	0.476^{**} (0.170)	0.521^{**} (0.170)	1.315^{**} (0.403)	1.298^{**} (0.408)
IC			0.088^{***} (0.024)		0.148^* (0.071)		-0.051 (0.173)
R^2	0.121	0.156	0.201	0.126	0.142	0.169	0.169
Adj. R^2	0.076	0.114	0.157	0.082	0.095	0.125	0.122
F	2.725^{**}	3.678^{***}	4.580^{***}	2.866^{**}	3.106^{***}	3.849^{***}	3.545^{***}
N	251	251	251	251	251	240	240

注：$+$ 表示 $p<0.10$，$*$ 表示 $p<0.05$，$*$ 表示 $*p<0.01$，$***$ 表示 $p<0.001$；括号内数字为标准误差。模型 2、模型 3 分别表示未加入国际化承诺变量、加入国际化承诺变量后，继任方式对国际化深度的影响的实证结果；模型 4、模型 5 分别表示未加入国际化承诺变量、加入国际化承诺变量后，继任方式对国际化广度的影响的实证结果；模型 6、模型 7 分别表示未加入国际化承诺变量、加入国际化承诺变量后，继任方式对国际化速度的影响的实证结果。

由表 6.11 可知，渐进式继任方式对国际化深度具有显著正向影响（$\beta = 0.169$，$p < 0.01$；$\beta = 0.196$，$p < 0.01$）、对国际化广度具有显著正向影响（$\beta = 0.476$，$p < 0.01$；$\beta = 0.521$，$p < 0.01$）；渐进式继任方式对国际化承诺具有显著负向影响（$\beta = -0.304$，$p < 0.05$）；国际化承诺对国际化深度、广度具有显著的正向影响（$\beta = 0.088$，$p < 0.001$；$\beta = 0.148$，$p < 0.05$）。根据温忠麟和叶宝娟（2014）的研究，说明国际化承诺在渐进式继任方式与家族企业国际化深度、广度之间发挥遮掩效应，即渐进式继任方式通过降低国际化承诺水平进而削弱其对家族企业国际化深度、广度的积极效应。

6.5 结论与讨论

6.5.1 研究结论

代际传承与国际化是家族企业研究领域的热点学术话题，但现有文献很少关注二代继承方式对家族企业国际化的影响（Shi et al.，2019）。本章以 2020 年中国 7 个省（市）家族企业为研究对象，实证研究二代继任方式对家族企业国际化的影响；分析代际权威、创始人社会身份和继承人年龄对上述影响关系的调节效应；此外，探讨国际化承诺在渐进式继任方式与家族企业国际化关系中的遮掩作用。主要研究结论如下：第一，与激进式继任方式相比，采取渐进式继任方式的家族企业更倾向于选择深度、广泛和快速进入国际市场。第二，代际权威、创始人社会身份、继承人年龄会显著地削弱渐进式继任方式对家族企业国际化深度、广度和速度的促进作用，即渐进式继任方式对家族企业国际化深度、广度和速度的促进作用在创始人与二代继承人之间的代际权威差异大，或创始人拥有社会身份，或继承人年龄大的家族企业更不明显。第三，国际化承诺在渐进式继任方式与家族企业国际化深度和广度之间发挥遮掩效应，即渐进式继任方式通过降低国际化承诺水平进而削弱其对家族企业国际化深度、广度的积极效应。

6.5.2 研究意义

本章的理论贡献主要体现在以下几个方面：第一，拓展了家族企业代际传承与国际化关系问题的研究视角。现有关于家族企业代际传承与国际化关系的相关研究，聚焦于家族后代权力涉入对家族企业国际化的直接影响（Stieg et al.，2017；Fang et al.，2018；Dou et al.，2019；Mariotti et al.，2021），很少有文献探讨不同的二代继任方式对家族企业国际化的作用及作用情境（Shi et al.，2019），本章在区分二代继承人两种不同继任方式的基础上，首次基于实证研究方法揭示不同二代继任方式对家族企业国际化的差异化影响，并引入代际权威、创始人社会身份和继承人年龄作为情境变量，以及国际化承诺作为中介变量，探讨二代继任方式对家族企业国际化的作用情境及过程机制，这一研究拓展了家族企业代际传承与国际化关系问题的研究视角。第二，丰富了制度视角的家族企业国际化研究文献。本章引入创始人社会身份这一重要的非正式制度因素，探讨创始人社会身份对二代继任方式与家族企业国际化关系的调节效应，发现创始人社会身份削弱了渐进式继任方式对家族企业国际化的促进作用，主要原因是：创始人社会身份有助于增加家族企业国际化的资源池以及二代继承人构建权威合法性，从而削弱渐进式继任方式对家族企业国际化的作用；同时，创始人社会身份是家族企业社会情感财富的重要构成，而对社会情感财富的追求使渐进式继任方式对家族企业国际化的作用减小。研究结论为企业家社会关系的负面效应（袁建国等，2015）增加了新的经验证据，也丰富了制度视角的家族企业国际化研究文献。

本章研究对于家族企业管理实践具有一定的启示意义：第一，本章发现渐进式继任方式对家族企业国际化有积极影响，而代际权威会进一步削弱渐进式继任方式对家族企业国际化的积极作用。因此，家族企业创始人应提前制定代际传承计划，尽可能安排二代渐进式继任方式，并在渐进式传承过程中有针对性地将自身拥有的隐性知识和关系网络等家族资产传递给二代继承人，帮助二代继承人尽早建立权威合法性，以降低两代之间的权威差异，充分发挥渐进式继任方式对家族企业国际化的积极作用。第二，本章研究显示创始人社会身份会显著地削弱渐进式继任方式对家族企业国际化的积极效应，因此家族企业创始人要理性认识社会关系的积极和消极作用，着力构建更加公正公平透明的企业经营制度环境，让家族企业家将更多的精力投入企业经营活动中，降低家族企业家对社会关系的依赖。

第 7 章

继承人社会资本对家族企业
国际化的影响研究

7.1　引言

国际化是家族企业实现可持续发展与现代化转型的重要战略选择（Alayo et al.，2019）。中国家族企业正迎来代际传承的高峰时期，二代接班已成为中国家族企业的一个普遍现象（祝振铎等，2021）。二代比父辈通常拥有更高的学历和更广阔的视野，更加重视商业关系的构建（赵晶等，2015），这些因素是家族企业国际化的重要驱动力量（Cesinger et al.，2016；梁强等，2016）。因此，引导和推动二代接班人在家族企业国际化经营活动中发挥作用具有重要现实意义。

针对二代涉入与家族企业国际化关系问题，现有文献大多关注二代权力涉入的影响（梁强等，2016；Dou et al.，2019；Mariotti et al.，2021），也有极少数文献探讨了二代继承人个性特质的作用（Meneses et al.，2014），但鲜有文献关注二代继承人社会资本对家族企业国际化的影响。二代继承人是控制家族和家族企业的核心人物，其拥有来自传承人及其家族的、前任管理者的以及自身创建的等多重社会资本（孙秀峰等，2019）。资源观视角的国际化研究认为，家族企业通常缺少国际化经营所需稀缺性资源（Cesinger et al.，2016；Gómez-Mejía et al.，2010），家族社会资本是家族企业国际化经营的一项重要战略资源（Pukall & Calabrò，2014），能够帮助家族企业获取资金、管理能力和国际市场知识等稀缺性资源（Pukall & Calabrò，2014；Cesinger et al.，2016），降低家族企业国际市场风险和企业代理成本，促使家族企业有效识别和开发国际市场的新机会（Brydon & Dana，2011）。家族社会资本主要是指家族成员共享的规范、义务、高水平的信任、有效的社会关系等（Harvey，1999）。那么，作为家族社会资本重要构成的二代继承人社会资本，对家族企业国际化的作用如何？其作用的边界条件又是什么？

　　家族所有权由父辈向二代转移是家族企业代际传承活动的重要内容。较高的家族二代所有权预示家族企业更加关注经济目标（Gómez-Mejía et al.，2007），同时二代继承人在家族企业战略决策上具有更大的自由裁量权（De Massis et al.，2014），因此二代继承人实施国际化战略的意愿和能力较强，其将自身拥有的社会资本投入家族企业国际化经营活动的可能性较大；年龄不同的二代继承人在家族企业中的权威合法性不同，而社会资本是继承人构建权威合法性的重要手段，因此年龄不同二代继承人的社会资本对家族企业国际化的作用不同；制度理论认为，母国和东道国制度环境是影响新兴经济体企业国际化扩张的重要因素，母国和东道国制度环境不同，意味着家族企业在母国和东道国市场面临的风险和不确定性以及资源获取成本等不同，从而影响继承人社会资本与家族企业国际化关系。

　　本章以已进入代际传承或完成代际传承且具有国际业务的家族企业为研究对象，利用课题组 2020 年 8～11 月对重庆、浙江等 7 省（市）家族企业的问卷调查数据，研究继承人社会资本对家族企业国际化的影响；考察家族二代所有权、继承人年龄、地域因素和东道国制度环境对上述关系的调节效应，以揭示继承人社会资本对家族企业国际化影响的边界条件。

本研究丰富了家族企业代际传承与国际化关系的研究成果，以及家族社会资本与家族企业国际化关系的研究成果。

7.2 理论分析与研究假设

7.2.1 继承人社会资本对家族企业国际化的影响

二代继承人是控制家族和家族企业的核心人物，由于互惠性规范，二代在未给家族企业做出重大贡献之前就被赋予了家族所积累的社会资本（Sharma，2008），尤其是那些行业地位和社会地位较高的创始人具有更强的动机将其独特的社会资本传至二代继承人（胡旭阳和吴一平，2016）。但是，社会资本在代际传承过程中存在很高的转移成本（Bennedsen et al.，2015），其损耗在从创始人传至二代继承人时最明显（Fan et al.，2012），因此二代继承人会积极构建自身的社会资本（赵晶等，2015）。一般而言，二代继承人拥有来自传承人及其家族的、前任管理者的以及自身创建的多重社会资本（孙秀峰等，2019）。继承人社会资本主要包括继承人与家族企业关键利益相关者之间的金融关系和业缘关系等（杨玉秀，2014）。

继承人社会资本对传承家族企业国际化会产生积极影响。第一，家族企业通常缺少国际化经营所需稀缺性资源（Gómez-Mejía et al.，2010；Cesinger et al.，2017），丰富的社会资本能够使继承人将来自家族成员、关键利益相关者和长期合作伙伴网络中的资源、知识和信息整合到家族企业国际化经营活动中，直接增加家族企业国际化的资源池。继承人的金融关系可以帮助家族企业获取融资便利和银行贷款等，有效缓解家族企业的财务约束；继承人与国际经验丰富的母国企业或东道国企业之间的合作关系，尤其是继承人与东道国企业之间的合作关系，有助于家族企业正确理解东道国制度、习俗文化和商业规范等，精确地开发出管理国际化运营所需的能力，促使家族企业进入多个国家或地区，或快速进入国际市场；此外，继承人的社会关系能够帮助家族企业获取社会资源，如相关政策和产业信息（罗党论和刘晓龙，2009）、税收减免、税收优惠和政府补贴等（胡旭阳和吴一平，2016）。第二，中国家族企业的二代继承人权威合法性普遍处于劣势地位（李新春等，2015），丰富的继承人社会资本有助于降低家族企业利益相关者的质疑，提升继承人的声誉、权力和影响力，减弱继承人"速胜"的动机，进而选择长期投资和国际化投资。因此本书提出以下研究假设：

H7.1：继承人社会资本对家族企业国际化有显著促进作用。

7.2.2　家族二代所有权的调节效应

家族所有权由父辈向二代转移在中国家族企业代际传承活动中占据突出地位。与非家族企业不同，家族企业在追求经济目标的同时也追求社会情感财富等非经济目标（Gómez-Mejía et al.，2007）。家族所有权决定了控制家族对非经济目标的追求程度（Chrisman & Patel，2012），同时也赋予了控制家族在企业战略决策上的自由裁量权（De Massis et al.，2014）。较高的家族二代所有权预示家族企业更加关注经济目标（Gómez-Mejía et al.，2007），国际化扩张则是家族企业实现经济目标的重要手段（Tsao & Lien，2013；周立新，2019）；同时，较高的家族二代所有权预示继承人在企业战略决策上具有更大的权力。因此，在家族二代所有权水平较高时，二代继承人实施国际化战略的意愿和能力较强，此时继承人将自身对国际化决策的偏爱贯彻落实到家族企业国际化决策中的可能性提高，继承人社会资本也更容易成为家族企业获取国际化资源以及降低国际市场不确定性的手段。因此本书提出以下研究假设：

H7.2：家族二代所有权会强化继承人社会资本对家族企业国际化的

促进作用，即继承人社会资本对家族企业国际化的促进作用在家族二代所有权大的家族企业更明显。

7.2.3 继承人年龄的调节效应

年龄不同的继承人社会资本对家族企业国际化的影响不同。第一，年龄较小的继承人在家族企业中的个人权威或合法性尚未建立，在此情形下，继承人利用自身积累的社会资本来构建权威合法性的迫切性较强烈，导致继承人社会资本对家族企业国际化将发挥较大作用。第二，年龄较小的继承人通常处于职业生涯的早期阶段，对事业和声誉的关注程度较高，这会引导继承人采取冒险的战略来彰显自己的能力（Li et al.，2017），而国际化战略是一项高冒险的战略选项；高阶理论认为，年轻的 CEO 具有较强的有效整合新信息、评估和管理风险的能力（Yao et al.，2011），能够更好地处理与国际化扩张相关的风险和不确定性。本书认为，年轻的继承人对声誉和事业的关注，以及较强的信息整合和风险管理能力，导致继承人社会资本更容易成为家族企业获取国际化资源以及降低国际市场不确定性的手段。因此本书提出以下研究假设：

H7.3：继承人年龄大会削弱继承人社会资本对家族企业国际化的促进作用，即继承人社会资本对家族企业国际化的促进作用在继承人年龄小的家族企业更明显。

7.2.4 地域的调节效应

地域对继承人社会资本与家族企业国际化关系的影响可以从地域文化和地区制度环境两个方面来理解：第一，家族企业高度嵌入所在社区和环境之中（Aldrich & Cliff，2003），其经营活动受到地域文化的强烈影响。中国传统文化可划分为海洋文化和内陆文化两大文化圈（徐晓望，1988）。海洋文化一个鲜明的特征是冒险精神，因此海洋文化对具有高风险特征的企业战略决策会产生积极影响（赵子东和林建浩，2019）。在海洋文化影响较强的东部沿海地区，继承人往往具有更强的冒险精神，继承人社会资本也更容易成为家族企业获取资源和降低不确定性的手段，从而强化继承人社会资本对家族企业国际化的促进作用。第二，母国制度环境是影响新兴经济体企业国际化扩张的重要因素。根据"制度促进观"（institutional fostering view），母国的制度支持促进了新兴经济体如中国民营企业的国际化进程（Li & Ding，2017）。中国经济转轨过程中，不同地区制度环境呈现出显著的差异性。在制度环境良好的地区，地方政府对企业国际化的支持力度较大，该地区更能够培养企业在制度发达地区的运营能力（Deng et al.，2018），家族企业可以更广泛地获取国际化资源且资源获取成本较低，这种积极的国际化信号会强化企业国际化的心理动机。与中西部地区相比，东部地区的制度环境相对更完善，因此东部地区家族企业国际化扩张的动机更强，继承人社会资本对家族企业国际化的促进作用也更明显。因此本书提出以下研究假设：

H7.4：相对于中西部地区，继承人社会资本对家族企业国际化的促进作用在东部地区更明显。

7.2.5　东道国制度环境的调节效应

东道国制度环境会影响继承人社会资本对家族企业国际化战略决策发挥作用。在制度环境较好的东道国，政府对市场秩序和企业经营活动的干预少，机会和资源主要由市场来配置，往往具有公平有效的法律法规和执法体系，高质量的监管体系，完善的中介服务体系等，从而使家族企业能够以较低成本获取国际市场知识和信息等稀缺性资源，进而削弱了继承人社会资本对家族企业稀缺性资源获取的积极作用；相反，在制度环境较差的东道国，政府对市场和企业经营的干预程度较高，机会和资源主要由政府等来配置，往往缺少公平有效的法律法规和执法体系，监管体系和中介服务体系等不完善，这会增加家族企业国际市场知识和信息等资源的获取成本，同时继承人有动机通过不断构筑自身的社会资本来缓解资源约束，从而强化继承人社会资本对家族企业国际化的积极作用。因此本书提出以下研究假设：

H7.5：东道国制度环境的改善会削弱继承人社会资本对家族企业国际化的促进作用，即继承人社会资本对家族企业国际化的促进作用在东道国制度环境差的家族企业更明显。

综上所述，本章的研究模型如图7.1所示。

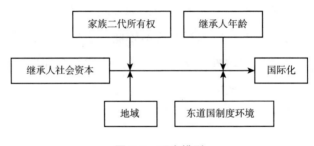

图7.1　研究模型

7.3　研究设计

7.3.1　样本与数据来源

本章数据来源于课题组 2020 年 8~11 月对重庆、浙江、山东、上海、江苏、广东、江西 7 省（市）的样本家族企业的问卷调查数据。样本与数据收集的具体情况见第 1.3.2 小节。

7.3.2 变量测量

7.3.2.1 被解释变量

对国际化的测量，本章选择了国际化广度和国际化速度两类指标。（1）国际化广度（BREA），借鉴了卡福罗斯等（Kafouros et al.，2012）的研究，定义为2019年企业国际化所涉及的国家数量，取自然对数；（2）国际化速度（SPEE），借鉴王益民等（2017）的研究，定义为企业国际化所涉及的国家数量除以企业首次国际化扩张至2019年以来的年份数。

7.3.2.2 解释变量

继承人社会资本（SSC），借鉴赵晶和孟维烜（2016）的研究，采用二代继承人曾在金融机构任职、二代继承人担任商会或行业协会领导人等的任职数量来测量。

7.3.2.3 调节变量

（1）家族二代所有权（SFO），定义为二代家族成员持有企业的股份比例；（2）继承人年龄（SAGE），对继承人年龄进行如下定义：1=20岁及以下、2=21~30岁、3=31~40岁、4=41岁及以上；（3）地域（EAST），采用虚拟变量来表示：东部地区（浙江、上海、江苏、山东、广东）定义为1，中西部地区（重庆、江西）为0；（4）东道国制度环境（HIE），包括4个测量指标，示例题项如"东道国的司法体系能够有效地保证投资者权益"，采用从"1完全不同意"到"5完全同意"的李克特五点量表度量，量表的Cronbach'α为0.922。

7.3.2.4 控制变量

本章选择了企业、行业和继承人特质层面的6个控制变量。（1）企业规模（SIZE），定义为企业 2019 年末资产总额，取自然对数；（2）企业年限（AGE），定义为企业经营年限，取自然对数；（3）产业类型（INDU），定义制造业为 1，其他行业为 0；（4）企业绩效（PERF），包括与同行主要竞争对手相比，近 3 年企业的销售增长率、利润水平、市场占有率和投资收益率 4 个测量题项，采用从"1 很差"到"5 很好"的李克特五点量表度量，量表的 Cronbach'α 为 0.887；（5）继承人性别（SGEN），女性定义为 1，男性为 0；（6）继承人文化程度（SEDU），研究生定义为 1，其他为 0。

7.4 实证分析结果

7.4.1 变量的描述性统计与相关性分析

表 7.1 对主要变量进行了描述性统计。结果显示：国际化广度（BREA）的平均值为 1.678、标准差为 1.127；国际化速度（SPEE）的平均值为 1.439、标准差为 3.405，说明家族企业国际化广度和国际化速度差异明显；继承人社会资本（SSC）的平均值为 0.264、标准差为 0.553，说明家族企业的二代继承人的社会关系、金融关系和业缘关系较少，即二代继承人的社会资本不丰富；继承人性别（SGEN）的平均值为 0.291，标准差为 0.456，说明家族企业继承人仍然以男性为主，但女性接班已成为家族企业重要的继任方式，有 29.1% 的家族企业选择了女性作为接班人。相关分析显示：家族企业国际化广度、国际化速度与继承人社会资本（SSC）之间显著正相关（$p < 0.05$），与东道国制度环境（HIE）之间显著负相关（$p < 0.05$）。下文回归分析部分将对变量之间的关系做进一步检验。

表7.1 描述性统计分析与相关系数

变量	均值	标准差	BREA	SPEE	SSC	SFO	SAGE	EAST	HIE	SIZE	AGE	INDU	PERF	SGEN
BREA	1.678	1.127	1											
SPEE	1.439	3.405	0.567***	1										
SSC	0.264	0.553	0.235*	0.349***	1									
SFO	23.116	30.158	-0.015	-0.014	0.143	1								
SAGE	2.564	0.784	0.019	-0.123	0.098	0.223*	1							
EAST	0.436	0.498	-0.006	0.090	0.011	0.038	-0.166+	1						
HIE	3.145	0.828	-0.237*	-0.194*	0.031	0.105	0.014	-0.116	1					
SIZE	9.452	2.182	0.164+	0.035	0.050	-0.053	0.228*	-0.352***	0.002	1				
AGE	2.649	0.602	0.144	-0.286**	0.173+	0.021	0.172+	0.028	0.020	0.268**	1			
INDU	0.809	0.395	0.048	-0.102	-0.019	0.011	0.114	-0.272**	-0.005	0.245*	0.188+	1		
PERF	3.493	0.750	0.055	-0.050	-0.029	-0.105	0.151	-0.084	0.002	0.256**	0.043	0.027	1	
SGEN	0.291	0.456	-0.230*	-0.142	-0.016	-0.074	-0.180+	-0.079	-0.010	-0.036	-0.012	0.006	-0.061	1
SEDU	0.236	0.427	0.146	-0.013	0.122	0.116	0.174+	-0.187+	0.077	0.098	-0.089	-0.056	0.213*	0.068

注：+ 表示 $p < 0.10$，* 表示 $p < 0.05$，** 表示 $p < 0.01$，*** 表示 $p < 0.001$；双侧表示检验。

7.4.2 假设检验

7.4.2.1 继承人社会资本对家族企业国际化的影响

表 7.2 和表 7.3 的模型 2 分别报告了继承人社会资本对家族企业国际化广度、速度影响的检验结果。结果显示，继承人社会资本对家族企业国际化广度、速度具有显著正向影响（$\beta = 0.395$，$p < 0.05$；$\beta = 2.663$，$p < 0.001$）。表明随着继承人社会资本的增加，家族企业将实施范围更广、速度更快的国际化扩张战略。因此假设 H7.1 得到验证。

表 7.2　　继承人社会资本对家族企业国际化广度影响的分析结果

项目	模型 1	模型 2	模型 3	模型 4	模型 5	模型 6
_Cons	0.716 (0.715)	0.730 (0.704)	0.843 (0.694)	0.499 (0.735)	0.474 (0.711)	1.214 (0.758)
SIZE	0.057 (0.053)	0.056 (0.052)	0.062 (0.050)	0.072 (0.051)	0.072 (0.052)	0.047 (0.048)
AGE	0.236 (0.183)	0.165 (0.183)	0.111 (0.178)	0.210 (0.180)	0.183 (0.176)	0.247 (0.169)
INDU	0.025 (0.276)	0.052 (0.272)	0.204 (0.268)	0.108 (0.266)	−0.031 (0.269)	0.075 (0.250)
PERF	−0.045 (0.147)	−0.024 (0.145)	−0.054 (0.142)	0.039 (0.143)	−0.017 (0.139)	−0.009 (0.133)
SGEN	−0.589 * (0.230)	−0.575 * (0.227)	−0.494 * (0.223)	−0.559 * (0.227)	−0.389 + (0.222)	−0.461 * (0.211)
SEDU	0.448 + (0.254)	0.370 (0.253)	0.401 (0.247)	0.398 (0.250)	0.394 (0.244)	0.597 * (0.238)
SSC		0.395 * (0.191)	0.351 + (0.188)	0.391 * (0.187)	0.350 + (0.183)	0.449 * (0.176)
SFO			−0.005 (0.003)			

续表

项目	模型1	模型2	模型3	模型4	模型5	模型6
SSC × SFO			0.016** (0.006)			
SAGE				-0.115 (0.140)		
SSC × SAGE				-0.501* (0.206)		
EAST					0.110 (0.222)	
SSC × EAST					1.290** (0.367)	
HIE						-0.250* (0.118)
SSC × HIE						-0.566** (0.165)
R^2	0.115	0.150	0.221	0.210	0.245	0.300
Adj. R^2	0.063	0.092	0.151	0.139	0.177	0.237
F	2.226*	2.576*	3.151**	2.949**	3.607**	4.754***
N	110	110	110	110	110	110

注：+表示 $p < 0.10$，*表示 $p < 0.05$，**表示 $p < 0.01$，***表示 $p < 0.001$；括号内数字为标准误。

表7.3　继承人社会资本对家族企业国际化速度影响的分析结果

项目	模型1	模型2	模型3	模型4	模型5	模型6
_Cons	5.955** (2.157)	5.996** (1.953)	6.319** (2.000)	4.798* (1.910)	4.246* (1.696)	6.023** (2.058)
SIZE	0.259 (0.163)	0.242 (0.147)	0.230 (0.149)	0.289* (0.136)	0.318* (0.126)	0.242+ (0.132)
AGE	-1.832** (0.568)	-2.294*** (0.524)	-2.258*** (0.532)	-2.059*** (0.481)	-2.205*** (0.434)	-2.026*** (0.471)
INDU	-0.710 (0.859)	-0.361 (0.781)	-0.362 (0.810)	-0.065 (0.719)	-0.486 (0.658)	-0.426 (0.699)

续表

项目	模型1	模型2	模型3	模型4	模型5	模型6
PERF	-0.349 (0.445)	-0.204 (0.404)	-0.242 (0.411)	0.101 (0.374)	-0.147 (0.331)	-0.174 (0.362)
SGEN	-1.056 (0.706)	-1.002 (0.639)	-1.085 (0.658)	-0.933 (0.595)	-0.062 (0.540)	-0.485 (0.582)
SEDU	-0.222 (0.789)	-0.878 (0.727)	-0.811 (0.736)	-0.826 (0.668)	-0.860 (0.607)	0.068 (0.676)
SSC		2.663*** (0.561)	2.767*** (0.577)	2.791*** (0.515)	2.813*** (0.460)	2.511*** (0.503)
SFO			-0.008 (0.010)			
SSC × SFO			-0.005 (0.017)			
SAGE				-0.437 (0.371)		
SSC × SAGE				-2.291*** (0.547)		
EAST					0.935[+] (0.489)	
SSC × EAST					6.362*** (0.934)	
HIE						-0.363 (0.326)
SSC × HIE						-2.208*** (0.476)
R^2	0.131	0.295	0.301	0.425	0.536	0.448
Adj. R^2	0.078	0.244	0.235	0.370	0.492	0.395
F	2.462*	5.799***	4.545***	7.801***	12.211***	8.551***
N	105	105	105	105	105	105

注: + 表示 $p<0.10$, * 表示 $p<0.05$, ** 表示 $p<0.01$, *** 表示 $p<0.001$；括号内数字为标准误。

7.4.2.2 家族二代所有权的调节效应

本章引入家族二代所有权与继承人社会资本的交互项（SSC×SFO），以检验家族二代所有权对继承人社会资本与家族企业国际化关系的调节效应。表 7.2 和表 7.3 的模型 3 报告了家族二代所有权的调节效应的检验结果。结果显示，家族二代所有权与继承人社会资本的交互项（SSC×SFO）对家族企业国际化广度具有显著正向影响（$\beta = 0.016$，$p < 0.01$），对国际化速度具有负向影响但并不具有显著性（$\beta = -0.005$，$p > 0.10$）。这说明家族二代所有权显著地强化了继承人社会资本对家族企业国际化广度的促进作用。因此假设 H7.2 得到部分验证。家族二代所有权并没有显著地增强继承人社会资本对家族企业国际化速度的促进作用，一个可能的解释是：虽然较高的家族二代所有权提高了继承人实施快速国际化扩张的意愿和能力，但较高的家族二代所有权也使二代更可能是企业的投资者，关注企业短期经济利益。快速国际化扩张将使企业面临巨大风险和不确定性（Wagner，2004），不利于短期绩效提升。因此具有较高家族二代所有权的家族企业可能不愿意实施快速国际化扩张战略，并最终导致继承人社会资本对家族企业国际化速度的正向影响减小甚至产生负向影响。

7.4.2.3 继承人年龄的调节效应

本章引入继承人年龄与继承人社会资本的交互项（SSC×SAGE），以检验继承人年龄对继承人社会资本与家族企业国际化关系的调节效应。表 7.2 和表 7.3 的模型 4 报告了继承人年龄的调节效应的检验结果。结果显示，继承人年龄与继承人社会资本的交互项（SSC×SAGE）对家族企业国际化广度、速度具有显著负向影响（$\beta = -0.501$，$p < 0.05$；$\beta = -2.291$，$p < 0.001$）。这说明继承人年龄的增加会显著地削弱继承人社会资本对家族企业国际化广度、速度的促进作用。因此假设 H7.3 得到验证。

7.4.2.4 地域的调节效应

本章引入东部地区与继承人社会资本的交互项（SSC × EAST），以检验地域因素对继承人社会资本与家族企业国际化关系的调节效应。表 7.2 和表 7.3 的模型 5 报告了地域因素的调节效应的检验结果。结果显示，东部地区与继承人社会资本的交互项（SSC × EAST）对家族企业国际化广度、速度具有显著正向影响（$\beta = 1.290$，$p < 0.01$；$\beta = 6.362$，$p < 0.001$）。这表明相对于中西部地区，继承人社会资本对家族企业国际化广度、速度的促进作用在东部地区更为明显。因此假设 H7.4 得到验证。

7.4.2.5 东道国制度环境的调节效应

本章引入东道国制度环境与继承人社会资本的交互项（SSC × HIE），以检验东道国制度环境对继承人社会资本与家族企业国际化关系的调节效应。表 7.2 和表 7.3 的模型 6 报告了东道国制度环境的调节效应的检验结果。结果显示，东道国制度环境与继承人社会资本的交互项（SSC × HIE）对家族企业国际化广度、速度具有显著负向影响（$\beta = -0.566$，$p < 0.01$；$\beta = -2.208$，$p < 0.001$）。这说明东道国制度环境的改善会显著地削弱继承人社会资本对家族企业国际化广度、速度的促进作用。因此假设 H7.5 得到验证。

此外，从控制变量来看，女性继承人对家族企业国际化广度具有显著的负向影响，即与男性继承人相比，女性继承人更不倾向于选择广泛进入国际市场的国际化战略，这与女性管理者的低风险倾向（Faccio et al.，2016）和强社会情感财富保护偏好（李晓琳和李维安，2019）可能存在紧密关系。但是，研究结果显示，继承人文化程度对家族企业国际化广度和速度无显著影响。

7.4.3 稳健性检验

为了更全面地考察继承人社会资本对家族企业国际化的影响效应，本章采取以下三种方法进行稳健性检验：

第一，更换继承人社会资本测量方法的稳健性检验。对继承人社会资本进行如下编码：1＝有任职经历（二代继承人在金融机构任职，或二代继承人担任商会或行业协会领导人等）、0＝无任职经历。检验结果见表7.4和表7.5，其结论与前文结论一致。

表7.4　　　　　继承人社会资本对家族企业国际化广度的
影响：稳健性检验结果（1）

项目	模型1	模型2	模型3	模型4	模型5	模型6
_Cons	0.716 (0.715)	0.789 (0.699)	0.976 (0.701)	0.723 (0.729)	0.678 (0.718)	1.536[+] (0.772)
SIZE	0.057 (0.053)	0.059 (0.052)	0.060 (0.051)	0.072 (0.051)	0.071 (0.053)	0.049 (0.049)
AGE	0.236 (0.163)	0.145 (0.183)	0.104 (0.180)	0.180 (0.180)	0.124 (0.179)	0.202 (0.175)
INDU	0.025 (0.276)	0.028 (0.270)	0.121 (0.267)	0.088 (0.265)	−0.034 (0.271)	0.026 (0.257)
PERF	−0.045 (0.147)	−0.035 (0.144)	−0.065 (0.143)	0.020 (0.143)	−0.029 (0.140)	−0.023 (0.137)
SEND	−0.589[*] (0.230)	−0.563[*] (0.225)	−0.495[*] (0.225)	−0.566[*] (0.226)	−0.407[+] (0.225)	−0.512[*] (0.216)
SEDU	0.448[+] (0.254)	0.350 (0.252)	0.349 (0.249)	0.383 (0.250)	0.313 (0.248)	0.530[*] (0.247)
SSC		0.622[*] (0.258)	0.566[*] (0.260)	0.767[**] (0.259)	0.639[*] (0.250)	0.573[*] (0.246)
SFO			−0.005 (0.003)			
SSC×SFO			0.017[*] (0.008)			
SAGE				−0.153 (0.140)		
SSC×SAGE				−0.597[*] (0.290)		

续表

项目	模型 1	模型 2	模型 3	模型 4	模型 5	模型 6
EAST					0. 102 (0. 224)	
SSC × EAST					1. 470 ** (0. 506)	
HIE						− 0. 286 * (0. 121)
SSC × HIE						− 0. 556 * (0. 264)
R²	0. 115	0. 162	0. 210	0. 213	0. 230	0. 258
Adj. R²	0. 063	0. 105	0. 139	0. 142	0. 160	0. 191
F	2. 226 *	2. 825 *	2. 951 **	3. 006 **	3. 310 **	3. 854 ***
N	110	110	110	110	110	110

注: + 表示 $p < 0.10$, * 表示 $p < 0.05$, ** 表示 $p < 0.01$, *** 表示 $p < 0.001$; 括号内数字为标准误。

表 7. 5　　　　继承人社会资本对家族企业国际化速度的

影响: 稳健性检验结果 (1)

项目	模型 1	模型 2	模型 3	模型 4	模型 5	模型 6
_Cons	5. 955 ** (2. 157)	6. 231 ** (2. 056)	6. 498 ** (2. 112)	5. 579 ** (2. 045)	5. 278 * (1. 998)	7. 279 ** (2. 295)
SIZE	0. 259 (0. 163)	0. 267 + (0. 155)	0. 258 (0. 157)	0. 303 * (0. 147)	0. 341 * (0. 149)	0. 248 + (0. 148)
AGE	− 1. 832 ** (0. 568)	− 2. 227 *** (0. 554)	− 2. 195 *** (0. 564)	− 2. 058 *** (0. 520)	− 2. 353 *** (0. 514)	− 2. 049 *** (0. 533)
INDU	− 0. 710 (0. 859)	− 0. 595 (0. 819)	− 0. 603 (0. 643)	− 0. 294 (0. 772)	− 0. 633 (0. 733)	− 0. 703 (0. 785)
PERF	− 0. 349 (0. 445)	− 0. 312 (0. 424)	− 0. 345 (0. 432)	− 0. 047 (0. 402)	− 0. 294 (0. 389)	− 0. 270 (0. 407)
SGEN	− 1. 056 (0. 706)	− 0. 958 (0. 673)	− 1. 040 (0. 695)	− 0. 921 (0. 641)	− 0. 256 (0. 638)	− 0. 713 (0. 650)
SEDU	− 0. 222 (0. 789)	− 0. 711 (0. 766)	− 0. 637 (0. 779)	− 0. 660 (0. 720)	− 0. 888 (0. 721)	− 0. 014 (0. 764)

续表

项目	模型 1	模型 2	模型 3	模型 4	模型 5	模型 6
SSC		2.582 ** (0.777)	2.722 ** (0.806)	3.335 *** (0.751)	2.806 ** (0.716)	2.251 ** (0.751)
SFO			−0.007 (0.011)			
SSC × SFO			−0.007 (0.004)			
SAGE				−0.507 (0.403)		
SSC × SAGE				−2.896 ** (0.826)		
EAST					0.848 (0.682)	
SSC × EAST					6.120 *** (1.450)	
HIE						−0.506 (0.365)
SSC × HIE						−2.167 ** (0.812)
R^2	0.131	0.220	0.224	0.332	0.355	0.300
Adj. R^2	0.078	0.163	0.151	0.269	0.294	0.233
F	2.462 *	3.904 ***	3.055 **	5.253 ***	5.816 ***	4.513 ***
N	105	105	105	105	105	105

注：+ 表示 $p < 0.10$，* 表示 $p < 0.05$，** 表示 $p < 0.01$，*** 表示 $p < 0.001$；括号内数字为标准误。

由表 7.4 和表 7.5 可知，继承人社会资本与家族企业国际化广度、速度之间显著正相关（$\beta = 0.622$，$p < 0.05$；$\beta = 2.582$，$p < 0.01$）；家族二代所有权与继承人社会资本的交互项（SSC × SFO）与家族企业国际化广度之间显著正相关（$\beta = 0.017$，$p < 0.05$）；继承人年龄与继承人社会资本的交互项（SSC × SAGE）与家族企业国际化广度、速度之间显著负相关

（$\beta = -0.597$，$p < 0.05$；$\beta = -2.896$，$p < 0.01$）；东部地区与继承人社会资本的交互项（SSC×EAST）与家族企业国际化广度、速度之间显著正相关（$\beta = 1.470$，$p < 0.01$；$\beta = 6.120$，$p < 0.001$）；东道国制度环境与继承人社会资本的交互项（SSC×HIE）与家族企业国际化广度、速度之间显著负相关（$\beta = -0.556$，$p < 0.05$；$\beta = -2.167$，$p < 0.01$）。

第二，增加样本数量的稳健性检验。以上实证研究仅保留了具有国际业务且已进入代际传承或完成代际传承的家族企业样本。为了避免样本选择性偏差，我们选择 253 家具有国际业务的家族企业样本（此类样本才能够考察东道国制度环境的调节效应），重新进行回归分析，回归结果见表7.6 和表7.7，其结论与前文结论一致。

表7.6 **继承人社会资本对家族企业国际化广度的影响：稳健性检验结果（2）**

项目	模型 1	模型 2	模型 3	模型 4	模型 5	模型 6
_Cons	0.493 (0.390)	0.481 (0.387)	0.436 (0.380)	0.342 (0.396)	0.606 (0.402)	0.849 + (0.436)
SIZE	0.032 (0.034)	0.029 (0.034)	0.033 (0.033)	0.035 (0.034)	0.024 (0.035)	0.034 (0.033)
AGE	0.104 (0.094)	0.076 (0.084)	0.066 (0.093)	0.084 (0.096)	0.089 (0.095)	0.078 (0.091)
INDU	0.202 (0.165)	0.204 (0.164)	0.271 (0.162)	0.197 (0.163)	0.120 (0.169)	0.195 (0.159)
PERF	0.130 (0.094)	0.129 (0.093)	0.129 (0.092)	0.151 (0.093)	0.127 (0.093)	0.169 + (0.091)
SEND	−0.367 * (0.144)	−0.352 * (0.143)	−0.318 * (0.140)	−0.329 * (0.143)	−0.333 * (0.142)	−0.319 * (0.139)
SEDU	0.369 * (0.166)	0.320 + (0.167)	0.334 * (0.164)	0.288 + (0.174)	0.285 + (0.168)	0.501 ** (0.168)
SSC		0.342 * (0.154)	0.175 (0.163)	0.460 ** (0.163)	0.377 * (0.154)	0.380 * (0.150)
SFO			−0.004 (0.003)			

续表

项目	模型 1	模型 2	模型 3	模型 4	模型 5	模型 6
SSC × SFO			0.016 ** (0.005)			
SAGE				0.003 (0.080)		
SSC × SAGE				−0.348 * (0.160)		
EAST					−0.087 (0.140)	
SSC × EAST					0.690 * (0.313)	
HIE						−0.182 * (0.082)
SSC × HIE						−0.519 ** (0.152)
R^2	0.081	0.100	0.139	0.117	0.118	0.161
Adj. R^2	0.059	0.074	0.107	0.084	0.085	0.130
F	3.633 **	3.870 **	4.372 ***	3.571 ***	3.615 ***	5.168 ***
N	253	253	253	253	253	253

注：+ 表示 $p < 0.10$，* 表示 $p < 0.05$，** 表示 $p < 0.01$，*** 表示 $p < 0.001$；括号内数字为标准误。

表 7.7　　　　继承人社会资本对家族企业国际化速度的
影响：稳健性检验结果（2）

项目	模型 1	模型 2	模型 3	模型 4	模型 5	模型 6
_Cons	2.903 ** (0.968)	3.135 ** (0.919)	3.123 ** (0.922)	2.536 ** (0.923)	3.340 *** (0.895)	3.336 ** (0.994)
SIZE	0.131 (0.083)	0.111 (0.079)	0.114 (0.080)	0.128 (0.078)	0.112 (0.077)	0.119 (0.072)
AGE	−1.133 *** (0.260)	−1.279 *** (0.248)	−1.283 *** (0.251)	−1.186 *** (0.246)	−1.277 *** (0.240)	−1.217 *** (0.227)
INDU	−0.029 (0.404)	0.023 (0.383)	0.058 (0.389)	−0.009 (0.373)	−0.276 (0.373)	−0.010 (0.350)

续表

项目	模型 1	模型 2	模型 3	模型 4	模型 5	模型 6
PERF	0.032 (0.227)	0.031 (0.215)	0.026 (0.216)	0.131 (0.211)	0.004 (0.203)	0.133 (0.198)
SGEN	−0.725* (0.360)	−0.649+ (0.332)	−0.634+ (0.335)	−0.566+ (0.326)	−0.520+ (0.314)	−0.494 (0.305)
SEDU	0.191 (0.415)	−0.145 (0.399)	−0.140 (0.401)	−0.247 (0.404)	−0.295 (0.382)	0.438 (0.379)
SSC		1.934*** (0.368)	1.877*** (0.400)	2.459*** (0.383)	2.355*** (0.355)	2.096*** (0.337)
SFO			−0.003 (0.007)			
SSC × SFO			0.007 (0.012)			
SAGE				−0.039 (0.182)		
SSC × SAGE				−1.403*** (0.363)		
EAST					0.155 (0.311)	
SSC × EAST					4.095*** (0.730)	
HIE						−0.272 (0.182)
SSC × HIE						−2.206*** (0.329)
R^2	0.090	0.186	0.187	0.236	0.285	0.328
Adj. R^2	0.066	0.161	0.155	0.206	0.257	0.302
F	3.856**	7.621***	5.925***	7.969***	10.252***	12.595***
N	242	242	242	242	242	242

注：+ 表示 $p<0.10$，* 表示 $p<0.05$，** 表示 $p<0.01$，*** 表示 $p<0.001$；括号内数字为标准误。

由表 7.6 和表 7.7 可知，继承人社会资本与家族企业国际化广度、速度的系数显著为正（$\beta = 0.342$，$p < 0.05$；$\beta = 1.934$，$p < 0.001$），结合表 7.2 和表 7.3 可以看出，继承人社会资本对已进入代际传承或完成代际传承的家族企业国际化广度、速度的正向影响更大，表明当继承人进入核心管理层后对家族企业战略决策的影响更大；家族二代所有权与继承人社会资本的交互项（SSC × SFO）与家族企业国际化广度的系数显著为正（$\beta = 0.016$，$p < 0.01$）；继承人年龄与继承人社会资本的交互项（SSC × SAGE）与家族企业国际化广度、速度的系数显著为负（$\beta = -0.348$，$p < 0.05$；$\beta = -1.403$，$p < 0.001$）；东部地区与继承人社会资本的交互项（SSC × EAST）与家族企业国际化广度、速度的系数显著为正（$\beta = 0.690$，$p < 0.05$；$\beta = 4.095$，$p < 0.001$）；东道国制度环境与继承人社会资本的交互项（SSC × HIE）与家族企业国际化广度、速度的系数显著为负（$\beta = -0.519$，$p < 0.01$；$\beta = -2.206$，$p < 0.001$）。

第三，增加控制变量的稳健性检验。为了克服可能存在的内生性问题，进一步增加可能影响家族企业国际化的其他控制变量——家族二代管理权（SFM）、高管国际经验（EIE）。其中，家族二代管理权，采用家族二代成员担任企业高管（含总经理）、董事（含董事长）的数量来测量；高管国际经验，将企业主或高管具有海外留学或工作经历定义为 1，否则为 0。重新进行回归分析，所得结果见表 7.8 和表 7.9，其结论仍然支持前文结论。

表 7.8 继承人社会资本对家族企业国际化广度的影响：稳健性检验结果（3）

项目	模型 1	模型 2	模型 3	模型 4	模型 5	模型 6
_Cons	0.568 (0.713)	0.611 (0.703)	0.773 (0.692)	0.369 (0.729)	0.283 (0.711)	1.226 (0.747)
SIZE	0.046 (0.053)	0.045 (0.052)	0.050 (0.050)	0.061 (0.051)	0.065 (0.052)	0.035 (0.047)
AGE	0.242 (0.181)	0.168 (0.182)	0.111 (0.178)	0.230 (0.178)	0.183 (0.176)	0.252 (0.167)

项目	模型 1	模型 2	模型 3	模型 4	模型 5	模型 6
INDU	0.093 (0.277)	0.099 (0.273)	0.234 (0.268)	0.188 (0.266)	0.043 (0.269)	0.134 (0.249)
PERF	−0.072 (0.147)	−0.043 (0.146)	−0.070 (0.142)	0.014 (0.142)	−0.041 (0.138)	−0.036 (0.133)
SGEN	−0.561* (0.229)	−0.547* (0.225)	−0.472* (0.221)	−0.538* (0.223)	−0.360 (0.221)	−0.440* (0.208)
SEDU	0.305 (0.264)	0.221 (0.263)	0.257 (0.250)	0.250 (0.256)	0.264 (0.252)	0.437+ (0.246)
SFM	0.130 (0.090)	0.088 (0.091)	0.057 (0.088)	0.141 (0.089)	0.107 (0.086)	0.117 (0.083)
EIE	0.280 (0.219)	0.347 (0.218)	0.379+ (0.212)	0.337 (0.213)	0.308 (0.211)	0.341+ (0.200)
SSC		0.396* (0.197)	0.376+ (0.192)	0.368+ (0.191)	0.337+ (0.188)	0.434* (0.180)
SFO			−0.005 (0.003)			
SSC × SFO			0.016** (0.006)			
SAGE				−0.159 (0.139)		
SSC × SAGE				−0.531* (0.207)		
EAST					0.168 (0.223)	
SSC × EAST					1.269** (0.366)	
HIE						−0.294* (0.118)
SSC × HIE						−0.531** (0.163)
R^2	0.148	0.181	0.250	0.251	0.275	0.335
Adj. R^2	0.080	0.107	0.166	0.167	0.193	0.260
F	2.186*	2.450*	2.970**	2.985**	3.371**	4.485***
N	110	110	110	110	110	110

注: +表示$p < 0.10$,*表示$p < 0.05$,**表示$p < 0.01$,***表示$p < 0.001$;括号内数字为标准误。

表 7.9　　　　继承人社会资本对家族企业国际化速度的
影响：稳健性检验结果（3）

项目	模型 1	模型 2	模型 3	模型 4	模型 5	模型 6
_Cons	5.724 *	6.026 **	6.345 **	4.700 *	4.256 *	6.048 **
	(2.190)	(1.986)	(2.031)	(1.943)	(1.730)	(2.079)
SIZE	0.253	0.230	0.218	0.280 *	0.315 *	0.232 +
	(0.165)	(0.150)	(0.152)	(0.138)	(0.128)	(0.134)
AGE	−1.828 **	−2.301 ***	−2.263 ***	−2.041 ***	−2.216 ***	−2.019 ***
	(0.572)	(0.529)	(0.538)	(0.486)	(0.439)	(0.477)
INDU	−0.570	−0.410	−0.400	−0.003	−0.512	−0.407
	(0.882)	(0.800)	(0.827)	(0.739)	(0.674)	(0.716)
PERF	−0.397	−0.181	−0.224	0.083	−0.130	−0.184
	(0.451)	(0.412)	(0.419)	(0.380)	(0.338)	(0.369)
SGEN	−1.018	−0.987	−1.067	−0.908	−0.063	−0.463
	(0.713)	(0.646)	(0.664)	(0.601)	(0.547)	(0.589)
SEDU	−0.354	−0.981	−0.927	−0.960	−0.889	−0.045
	(0.831)	(0.765)	(0.772)	(0.700)	(0.634)	(0.711)
SFM	0.229	−0.084	−0.071	0.101	−0.067	0.043
	(0.278)	(0.260)	(0.263)	(0.241)	(0.214)	(0.236)
EIE	0.054	0.403	0.438	0.318	0.188	0.296
	(0.686)	(0.626)	(0.631)	(0.577)	(0.525)	(0.566)
SSC		2.748 ***	2.851 ***	2.769 ***	2.867 ***	2.513 ***
		(0.588)	(0.603)	(0.539)	(0.483)	(0.529)
SFO			−0.008			
			(0.010)			
SSC × SFO			−0.005			
			(0.017)			
SAGE				−0.474		
				(0.378)		
SSC × SAGE				−2.299 ***		
				(0.558)		
EAST					0.971 +	
					(0.549)	

续表

项目	模型 1	模型 2	模型 3	模型 4	模型 5	模型 6
SSC × EAST					6.322 *** (0.948)	
HIE						− 0.394 (0.335)
SSC × HIE						− 2.189 *** (0.483)
R^2	0.137	0.299	0.305	0.428	0.537	0.449
Adj. R^2	0.065	0.232	0.223	0.361	0.483	0.384
F	1.909 +	4.494 ***	3.709 ***	6.331 ***	9.822 ***	6.902 ***
N	105	105	105	105	105	105

注：+ 表示 $p < 0.10$，表示 * $p < 0.05$，** 表示 $p < 0.01$，*** 表示 $p < 0.001$；括号内数字为标准误。

总结上述三种稳健性检验方法的结果可知，本章研究结论具有较好的稳健性。

7.5　结论与讨论

7.5.1　研究结论

本章探讨了继承人社会资本对家族企业国际化的影响，主要研究结论如下：第一，继承人社会资本对家族企业国际化广度和速度有显著促进作用，即随着继承人社会资本的增加，家族企业将实施范围更广、速度更快的国际化扩张战略；第二，家族二代所有权强化了继承人社会资本对家族企业国际化广度的促进作用，即继承人社会资本对家族企业国际化广度的促进作用在家族二代所有权大的家族企业更明显；第三，继承人年龄削弱了继承人社会资本对家族企业国际化广度、速度的促进作用，即继承人社会资本对家族企业国际化广度、速度的促进作用在继承人年龄较小的家族企业更明显；第四，相对于中西部地区，继承人社会资本对家族企业国际化广度、速度的促进作用在东部地区更明显；第五，东道国制度环境的改善削弱了继承人社会资本对家族企业国际化广度、速度的促进作用，即继承人社会资本对家族企业国际化广度、速度的促进作用在东道国制度环境差的家族企业更明显。此外，继承人性别差异影响家族企业国际化战略决策，相比于男性继承人，女性继承人更不倾向于选择广泛进入国际市场的国际化战略。

7.5.2 研究意义

本章的理论贡献主要体现在：第一，拓展和丰富了家族企业代际传承与国际化关系研究文献。以往针对二代涉入与家族企业国际化关系的研究成果，聚焦于二代权力涉入对家族企业国际化的影响（梁强等，2016；Dou et al.，2019；Mariotti et al.，2021）。本章以已进入代际传承或完成代际传承的家族企业为研究对象，实证研究二代继承人社会资本对家族企业国际化的影响，以及家族二代所有权、继承人年龄、地域因素和东道国制度环境对二者关系的调节效应，以揭示二代继承人社会资本对家族企业国际化影响的作用边界或适用情境。这一研究拓展和丰富了家族企业代际传承与国际化关系研究文献，也拓展和丰富了家族社会资本与家族企业国际化关系研究文献。第二，研究家族二代所有权对继承人社会资本与家族企业国际化关系的调节效应，进一步揭示了家族企业代际传承对国际化的影响机制。第三，研究继承人年龄对继承人社会资本与家族企业国际化关系的调节效应，丰富了高管特征与家族企业国际化战略决策的相关研究。第四，研究地域因素、东道国制度环境对继承人社会资本与家族企业国际化关系的调节效应，丰富了制度因素影响新兴经济体家族企业国际化战略决策的相关研究。

本章研究结论对于家族企业管理实践具有启示意义：第一，家族企业创始人要重视家族社会资本的代际传承。一代创始人要有意识地帮助二代继承人接触到其创立的各种社会关系网络，从而把自己的关系网络传递给二代继承人；二代继承人也应重视与家族企业关键利益相关者的交流和互动，同时加强对创始人社会资本的整合和创新，积极构建自身的社会资本。第二，家族企业创始人要合理制定传承计划，重视家族所有权（财富）传承，充分发挥家族二代所有权对继承人社会资本与家族企业国际化关系的积极作用。第三，中西部地区的政府部门要重视文化氛围等非正式制度的建设以及加强制度建设，积极改善家族企业成长的制度环境；政府部门要引导家族企业根据东道国制度环境选择合适的国际化扩张战略，相关政府部门要定期开展企业跨国经营培训，提高家族企业对东道国市场的制度、习俗文化和消费者行为等方面的认识。第四，家族企业的创始人应根据二代继承人的性别差异设计差异化的继承人培养计划和传承计划。

第8章

代际传承家族企业国际化的治理对策研究

8.1　代际传承家族企业国际化的内部治理对策

8.1.1　合理选择与代际传承阶段相匹配的继承人培养模式

家族企业创始人应结合企业自身情况提前制订传承计划，建立和完善接班人选择与培养制度、家族内部决策与分歧解决机制以及家族成员退出机制，为二代接班做好充足的准备。

从继承人培养模式的选择来看，家族企业创始人要合理选择与代际传承阶段相匹配的继承人培养模式。具体而言，在代际传承准备阶段，创始人应进行思想引导，通过分享创业故事、价值观等，使二代继承人尽早了解企业，见证企业成长过程；创始人要主动与二代继承人分享企业经营管理经验，建立二代继承人对家族企业的情感。在二代参与管理/两代共治阶段，创始人要合理分配两代人之间的职责，明确两代人各自的角色定位；同时，创始人要尽力扶持二代继承人，帮助二代继承人尽快构建权威合法性；此外，创始人与二代继承人之间要相互尊重和加强沟通，减少二代与父辈之间在价值观和经营理念等方面的冲突，以有效化解代际冲突。在二代接收管理/管理权转移阶段，创始人要减少对离任后的家族企业的干预，充分信任二代继承人；同时，二代继承人要善于运用情感关怀化解创始人因权威失落而对企业权力的留恋；此外，二代继承人要努力将前期学习和积累的知识和经验转化为企业竞争优势，以巩固自身的合法性地位。

8.1.2 选择合适的家族企业代际传承模式

家族企业代际传承模式包括渐进式传承模式、激进式传承模式、共演/创业式传承模式三种不同类型。家族企业创始人应尽可能选择二代渐进式传承模式，在渐进式传承过程中有针对性地将创始人自身拥有的隐性知识、社会资本和企业家精神等家族资产传递给二代继承人，充分发挥二代渐进式传承模式对家族企业国际化的积极促进作用。此外，家族企业创始人要重视共演/创业式传承，鼓励二代继承人与创始人一起创业，实现家族企业转型与传承同时进行。

8.1.3 谨慎推进家族所有权（财富）传承

充分认识家族所有权（财富）传承对家族企业国际化影响的复杂性：早期的家族所有权（财富）传承不利于家族企业国际化扩张，然而，随着家族企业代际传承过程的推进，家族所有权（财富）传承对家族企业国际化具有积极促进作用。因此，家族企业创始人要谨慎推进家族所有权（财富）传承，有计划地将家族所有权传递给家族二代成员，充分发挥家族二代所有权对家族企业国际化扩张的积极效应。

8.1.4 重视家族管理权（事业）传承

充分认识家族管理权传承对家族企业国际化的积极作用。在中国经济转型时期，家族二代管理权总体上仍然是一种有利于推动中国家族企业国际化的内部治理机制。因此，家族企业创始人要重视家族管理权（事业）传承，在二代继承人培养上要尽早放权，让二代继承人担任企业关键管理职位，并在代际传承过程中帮助二代继承人尽早构建权威合法性。

谨慎推进家族企业的职业化公司治理结构改革。从长远来看，家族企业应逐步降低对家族经理的个人特质的依赖，适度和有计划地引入具有国际化知识和经验的职业经理人，建立家族企业高管团队有效的激励与约束机制，采取有效措施约束职业经理人的机会主义行为，充分调动职业经理人工作的积极性，有效发挥职业经理人的能力和资源优势，以应对和满足家族企业国际化增大的复杂性和管理能力需求。

8.1.5 重视家族隐性知识和社会资本的代际传承

在家族企业代际传承过程中，创始人要有意识、有针对性地将自身所拥有的隐性知识和社会资本向二代继承人和企业核心管理层进行选择性让渡。

在隐性知识传承上，家族企业创始人尤其要加强家族价值观、愿景、创业精神、经营理念、处事方法和工作经验等的代际传递，从二代的孩童期开始就应该有意识地与二代分享创业故事、价值观、愿景和理念等，让二代继承人形成对家族企业的情感；二代继承人也应加强与父辈之间的沟通协调，减少二代与父辈之间在价值观、愿景、经营理念等方面的冲突。

在社会资本传承上，家族企业创始人要有针对性地帮助二代继承人接触到其创立的各种社会关系网络，从而把自己的社会关系网络传递给二代继承人，并谋求将个人社会资本转化为企业社会资本，减缓利益相关者只认可创始人身份关系而不认可继任者能力、企业品牌和声誉的负面冲击；二代继承人也应该重视与家族企业关键利益相关者的交流和互动，并加强对创始人社会资本的整合和创新，积极构建自身的社会资本。

8.2 代际传承家族企业国际化的外部治理对策

8.2.1 完善法治环境

进一步健全民营企业法律体系，尽快出台国内民营企业和个人到境外投资的法律、法规和实施细则，并就相关实施细则进行较为清晰的界定，使家族企业"走出去"有法可依、有章可循；强化民营企业知识产权制度体系建设，同步推进知识产权认定标准、认定程序与侵权界定等制度体系构建，优化知识产权保护范围、强度与时长；保护民营企业和企业家合法财产，发挥政府产权纠纷治理长效机制作用，依法严厉打击各类侵占民营企业和企业家合法资产的行为。

8.2.2 完善市场环境

切实给予家族企业和国有企业"走出去"的平等地位。在政策支持、资金扶持、融资担保、公共服务、投资便利等方面给予家族企业与国有企业同等的重视。加快构建全国统一大市场，进一步放开民营企业市场准入，既要拓宽民营资本投资领域，更要在已经放开的行业领域公平、公正、透明地对待民营企业进入，不定期开展民营企业额外准入条件专项整治行动，全面排查、系统清理各类显性和隐性壁垒，减少对家族企业的行业准入限制和外汇资金使用限制，更大力度地破除地方保护主义，坚决制止对家族企业市场竞争行为进行行政干预，为家族企业对外经济合作拓宽道路。

推动境外经贸合作区高质量发展。健全境外经贸合作区的顶层制度设计；完善境外经贸合作区政府间合作机制；规范完善境外经贸合作区管理体制；充分发挥跨境电商和数字贸易在境外经贸合作区建设中的作用。

8.2.3　完善政务环境

深化审批制度改革，加快推进"多审合一""多证合一""多规合一"改革，便于各类创业者注册经营，并及时享受扶持政策；进一步取消、整合、下放审批项目，打通服务的"最后一公里"；推动政务服务事项由实体政务大厅向网上办事大厅转移，利用大数据建设一体化在线政务服务平台，建立信息共享平台，实现各管理部门数据共享，提升审批效率，提高市场主体接受公共服务的时效性和便利性；探索建立市场主体强制退出制度，破解民营（家族）企业"注销难"问题，实现民营（家族）企业"能进能退"；完善政策执行的顶层设计，从制度上明确地方政府主体责任。

8.2.4　完善资本市场环境

进一步加大对民营（家族）小微企业的信贷支持力度，鼓励和支持金融机构对重点民营（家族）企业给予贷款优惠和提供担保，增设中资银行海外服务网点或与当地银行的合作服务网点，解决家族企业融资困难。

设立支持民营（家族）企业"走出去"的特别基金，主要用于扶持民营（家族）企业境外贸易营销网络建设、境外并购、生产性投资和对外承包工程；针对民营（家族）企业设立"走出去"投资服务对接部门，为家族企业"走出去"投资提供指导意见。

合理引导并规范民营（家族）企业境外上市；出台更为详细的民营（家族）企业境外上市指导意见；简化民营（家族）企业境外直接上市的审批程序。

进一步完善海外投资保险法以及争端解决机制，保障"走出去"民营（家族）企业的合法权益；设立风险防范专项发展基金，主要用于支持民营（家族）企业应对"走出去"的外部风险。

8.2.5 完善职业经理人市场环境

完善职业经理人市场。推进高层管理者选任机制的市场化；推行以企业业绩为基准的市场化报酬机制；加快建设职业经理人市场的监管体制和个人诚信体系。

构建完备的国际化人才储备库和人才支持体系。利用各类教育资源做好国内人才储备，增加国内学生留学访问与海外实践机会，培养具有国际视野的复合型人才；充分利用海外华商网络，在合作国打造本土化"人才供应链"与管理体系，为家族企业吸纳本地人才提供便利；围绕数字化转型、人工智能与商业模式创新、现代管理实践等领域，对民营企业家群体从技能、认知和创新意识等维度进行专项培训，不断提升企业家能力；政府应从薪资、工作环境等方面制定优惠政策措施，鼓励家族企业引进具有国际视野和综合能力的复合型人才。

8.2.6 完善中介服务体系

政府要积极建立企业投资并购信息服务平台；鼓励和支持一批有能力承办国际业务的中介服务机构，为家族企业"走出去"提供会计、审计、税务、法律、资信调查、信用评级和风险评估等专业咨询服务；推动行业协会、商会等社会组织积极为家族企业"走出去"提供信息收集、沟通与协调等服务；打造线上跨境贸易电子商务服务平台和线下物流平台；放宽准入条件，吸引国际知名中介机构入华；注重发挥海外华侨华人及其社团组织在家族企业国际化中的支持作用；积极加强与境外中介服务机构的交流合作。

8.2.7 完善社会文化环境

加强政策宣传，正确解读党和政府的大政方针、理念主张，廓清民营企业家的模糊认识，广泛宣传民营企业的重要作用和贡献，为民营企业健康发展营造良好的社会舆论氛围；政府应定期组织开展民营（家族）企业跨国经营培训，提高家族企业对东道国市场的法律法规、经营环境、习俗文化和消费者行为等的认识；积极组织成立海外华人商会；通过孔子学院网络课堂、博物馆"云展览"、丝路"云旅游"、艺术节展会及留学访问等方式，弘扬和传播中华文化，加深各国对中国文化的了解和认同；通过共建智库、学术交流等方式加强交流，增加国家层面的信任和文化融合；积极倡导符合企业和社会可持续发展的文化价值观，减少企业经营的投机性。

附录　企业调查问卷

企业家朋友，您好！

本问卷是国家社会科学基金项目的一个专题调研，旨在了解我国民营企业国际化与代际传承的基本情况。非常感谢您抽出宝贵的时间，帮助我们完成此次调查问卷！

一、企业基本情况

1. 企业创立于＿＿＿＿年；企业位于＿＿＿＿省（市）＿＿＿＿区（市/县）。

2. 企业主要从事的行业是：

□农林牧渔业　　□采矿业　　　□制造业　　　□建筑业

□交通运输业　□信息服务业　□批发零售业

□住宿餐饮业　□其他

3. 2019 年底企业员工人数达＿＿＿＿人；2019 年底企业资产总额达＿＿＿＿万元。

4. 企业主的性别为：

□男　　　　□女

5. 企业主的年龄：

□ 35 岁及以下　□ 36～45 岁　□ 46～55 岁　□ 56 岁及以上

6. 企业主的文化程度是：

□小学及以下　□初中　□高中/中专

□大专　　　　□本科　□研究生

7. 企业主及企业主的家族成员持有的企业股份比重为 _____%。

8. 企业总经理/总裁是不是由企业主本人或企业主的家族成员担任？

□是　　　　□否

企业高管团队（副总以上）中家族成员比重为：

□0　□0~20%　□21%~50%　□51%~80%　□80%以上

9. 企业主或企业高管（副总以上）是否曾经在政府部门工作或担任人大代表/政协委员？

□是　　　　□否

10. 企业主或企业高管（副总以上）是否具有海外留学或海外工作经历？

□是　　　　□否

11. 请对本企业绩效进行评价：1 很差　2 较差　3 一般　4 较好 5 很好

指标	很差		一般		很好
与同行主要竞争对手相比，近3年企业的销售增长率	1	2	3	4	5
与同行主要竞争对手相比，近3年企业的利润水平	1	2	3	4	5
与同行主要竞争对手相比，近3年企业的市场占有率	1	2	3	4	5
与同行主要竞争对手相比，近3年企业的投资收益率	1	2	3	4	5

二、国际化情况

1. 2019 年企业出口销售收入占当年总销售收入的比重为：_____%（没有请填 0）；

2019 年企业境外资产占总资产的比重为：_____%（没有请填 0）；

2019 年企业境外员工占总员工的比重为：_____%（没有请填 0）；

2019 年企业境外直接投资占总投资的比重为：_____%（没有请填 0）。

2. 2019 年企业国际化（出口或境外投资等）所涉及的国家数量有
_____个（没有请填 0）。

3. 本企业第一次从事国际化（出口或境外投资等）是哪一年？____
____年。

4. 本企业国际化经营模式包括（可多选）：

□出口贸易

□境外直接投资（新建独资企业）

□境外直接投资（新建合资企业）

□跨国并购

□在境外设立销售机构

□合同协议（技术协议、服务合同、外包合同、战略联盟）

□其他

5. 请对本企业国际化绩效进行评价：1 很差　2 较差　3 一般　4 较好　5 很好

指标	很差		一般		很好
与同行主要竞争对手相比，近 3 年企业海外销售增长率	1	2	3	4	5
与同行主要竞争对手相比，近 3 年企业海外利润率	1	2	3	4	5
与同行主要竞争对手相比，近 3 年企业海外市场占有率	1	2	3	4	5
与同行主要竞争对手相比，近 3 年企业海外市场投资收益率	1	2	3	4	5

三、代际传承情况

1. 企业创始人是否考虑过让子女（儿子、女儿、儿媳、女婿）接班？

□让子女管理本企业，并继承股权

□让子女管理本企业，但不继承股权

□让子女继承股权，但不在本企业工作

□只给子女留一部分生活费

□目前没有考虑这个问题

2. 企业创始人的子女有没有接班意愿？

□有　　　　　□没有　　　　　□不知道

3. 本企业目前处于以下哪一个阶段（二代指儿子、女儿、儿媳、女婿等）

□（1）二代没有担任企业高管（含总经理）或董事（含董事长），且二代不持有本企业股份

□（2）二代没有担任企业高管（含总经理）或董事（含董事长），但二代持有本企业股份

□（3）二代担任企业高管（含总经理）或董事（含董事长），但二代不持有本企业股份

□（4）二代担任企业高管（含总经理）或董事（含董事长），且二代持有本企业股份

□（5）二代担任副总经理、董事或副董事长，父辈创业者担任总经理或董事长

□（6）二代担任总经理，父辈创业者担任董事长

□（7）二代担任总经理和董事长，父辈创业者仍在本企业任职

□（8）父辈创业者完全退出本企业事务

4. 二代家族成员担任企业高管（含总经理）、董事（含董事长）的数量为：_____人（没有请填0）。

5. 二代家族成员持有本企业的股份比例为：_____%（没有请填0）。

6. 二代继承人在担任企业高管（含总经理）或董事（含董事长）之前是否担任过本企业基层或中层管理职务？

□是　　　　　□否

7. 二代继承人是否曾经在政府部门工作过或担任人大代表/政协委员？

□是　　　　　□否

8. 二代继承人是否曾经在金融机构（银行、保险公司、证券公司等）工作过？

☐是　　　　☐否

9. 二代继承人是否担任过商会或行业协会领导人？

☐是　　　　☐否

10. 二代继承人的性别是：

☐男　　　　☐女

11. 二代继承人的年龄是：

☐ 20 岁及以下　　☐ 21～30 岁　　☐ 31～40 岁　　☐ 41 岁及以上

12. 二代继承人的文化程度：

☐小学及以下　　　☐初中　　　　☐高中/中专　　　☐大专

☐本科　　　　　　☐研究生

13. 二代继承人是否有海外留学或海外工作经历？

☐是　　　　☐否

14. 二代继承人是否有 MBA 或 EMBA 教育经历？

☐是　　　　☐否

15. 请结合您的感受和体会，逐一做出判断：1 完全不同意　2 不太同意　3 一般　4 比较同意　5 完全同意

指标	完全不同意		一般		完全同意
二代继承人与父辈创业者在价值观上具有一致性	1	2	3	4	5
二代继承人与父辈创业者在经营理念上具有一致性	1	2	3	4	5
二代继承人与父辈创业者在家企关系上具有一致性	1	2	3	4	5
二代继承人与父辈创业者在管理风格上具有一致性	1	2	3	4	5
二代继承人与父辈创业者在家族非经济目标上具有一致性	1	2	3	4	5
在本企业中，父辈创业者的愿望得到了遵守	1	2	3	4	5
在本企业中，由父辈家族成员制定相关规则	1	2	3	4	5
在本企业中，父辈创业者讲的话就是"法律"	1	2	3	4	5

四、国际市场知识、国际化承诺和外部环境

1. 请结合您的感受和体会，逐一做出判断：1 很差　2 较差　3 一般
4 较好　5 很好

指标	很差		一般		很好
与同行主要竞争对手相比，本企业有关国际市场的客户需求信息	1	2	3	4	5
与同行主要竞争对手相比，本企业有关国际市场的商业合作信息	1	2	3	4	5
与同行主要竞争对手相比，本企业有关国外营销渠道的知识	1	2	3	4	5
与同行主要竞争对手相比，本企业处理对外商务往来的知识	1	2	3	4	5
与同行主要竞争对手相比，本企业有关东道国语言和社会规范的知识	1	2	3	4	5
与同行主要竞争对手相比，本企业有关东道国商业法律法规的知识	1	2	3	4	5
与同行主要竞争对手相比，本企业有关东道国政府机构的知识	1	2	3	4	5

2. 请结合您的感受和体会，逐一做出判断：1 完全不同意　2 不太同意　3 一般　4 比较同意　5 完全同意

指标	完全不同意		一般		完全同意
学习出口程序和文件是本企业优先考虑的问题	1	2	3	4	5
本企业建立了适当的组织机构来处理所有的海外业务	1	2	3	4	5
本企业拨出足够的资金开发海外市场	1	2	3	4	5
本企业高管经常出差到海外市场	1	2	3	4	5
本企业高管积极探索海外市场的新机会	1	2	3	4	5
东道国的司法体系能够有效地保证投资者权益	1	2	3	4	5
东道国的法律法规和政策比较稳定且可预测	1	2	3	4	5

指标	完全不同意		一般		完全同意
东道国具有相对公平公正的投资贸易政策	1	2	3	4	5
东道国具有相对公平公正的金融管制政策	1	2	3	4	5
东道国民众普遍对权力分配不公平的现象具有较强的承受力	1	2	3	4	5
东道国社会倾向于制定严格的法律法规和措施来规避不确定性带来的影响	1	2	3	4	5
东道国民众普遍比较重视集体行动	1	2	3	4	5
东道国民众普遍对多种信仰或价值观并存的容忍度较高	1	2	3	4	5
东道国民众普遍尊重传统，注重保护个人面子	1	2	3	4	5

参 考 文 献

[1] 陈灿君，许长新. 家族企业差异性接任方式对创新投入的影响——基于组织认同理论 [J]. 当代财经，2021 (8)：90 - 101.

[2] 陈灿君，许长新. 认知差异视角下的二代涉入与家族企业创新决策 [J]. 管理学报，2022，19 (5)：705 - 713.

[3] 陈凌，窦军生. 2017 中国家族企业健康发展报告 [M]. 杭州：浙江大学出版社，2017.

[4] 程晨. 家族企业代际传承：创新精神的延续抑或断裂？[J]. 管理评论，2018，30 (6)：81 - 92.

[5] 窦军生，张芯蕊，李生校，等. 继承人培养模式何以影响家族企业传承绩效——继承人受认可度的中介效应 [J]. 重庆大学学报（社会科学版），2020，26 (5)：54 - 70.

[6] 范作冰，王婷. 代际传承对家族企业绩效的影响 [J]. 杭州电子科技大学学报（社会科学版），2018，14 (6)：14 - 21.

[7] 葛菲，贺小刚，吕斐斐. 组织下滑与国际化选择：产权与治理的调节效应研究 [J]. 经济管理，2015 (6)：43 - 55.

[8] 郭超. 子承父业还是开拓新机——二代接班者价值观偏离与家族企业转型创业 [J]. 中山大学学报（社会科学版），2013，53 (2)：189 - 198.

[9] 何轩，宋丽红，朱沆，等. 家族为何意欲放手？——制度环境感知、政治地位与中国家族企业主的传承意愿 [J]. 管理世界，2014 (2)：90 - 101，110.

［10］胡旭阳，吴一平．创始人政治身份与家族企业控制权的代际锁定［J］．中国工业经济，2017（5）：152－171．

［11］胡旭阳，吴一平．中国家族企业政治资本代际转移研究——基于民营企业家参政议政的实证分析［J］．中国工业经济，2016（1）：146－160.

［12］黄海杰，吕长江，朱晓文．二代介入与企业创新——来自中国上市家族公司的证据［J］．南开管理评论，2018，21（1）：6－16．

［13］黄婷，徐鸿昭，朱沆，等．铺路还是设障？领导人的社会情感财富与企业战略变革——对华帝股份跨代继任的案例研究［J］．南方经济，2018（10）：69－91．

［14］李卫宁，韩荷馨，吕源．基于代际关系视角的家族企业传承机制——以三个中国家族企业为例［J］．管理案例研究与评论，2015，8（3）：199－209．

［15］李晓琳，李维安．基于家族属性和性别属性的女性高层管理人员创新战略研究［J］．管理学报，2019，16（11）：1624－1631．

［16］李新春，韩剑，李炜文．传承还是另创领地？——家族企业二代继承的权威合法性构建［J］．管理世界，2015（6）：110－124．

［17］李新春，马骏，何轩，等．家族治理的现代转型：家族涉入与治理制度的共生演进［J］．南开管理评论，2018，21（2）：160－171．

［18］李新春，张鹏翔，叶文平．家族企业跨代资源整合与组合创业［J］．管理科学学报，2016，19（11）：1－17．

［19］李秀娟，张燕．当传承遇到转型——中国家族企业发展路径图［M］．北京：北京大学出版社，2017．

［20］李艳双，杨思捷，吕亭．社会情感财富视角下家族企业国际化战略选择研究［J］．领导科学，2018（10）：29－31．

［21］梁强，周莉，宋丽红．家族内部继任、外部资源依赖与国际化［J］．管理学报，2016，13（4）：524－532．

［22］刘娇，王博，宋丽红，等．家族企业价值观传承与战略变革——

基于探索性的案例分析 [J]. 南方经济, 2017 (8): 49 - 67.

[23] 柳建坤, 何晓斌. 企业社会责任、体制资本与企业家的政治身份获得——来自中国民营企业的经验证据 [J]. 社会发展研究, 2020, 7 (2): 67 - 89, 243.

[24] 罗党论, 刘晓龙. 行业壁垒、政治关系与企业绩效 [J]. 管理世界, 2009 (5): 97 - 106.

[25] 罗进辉, 彭晨宸. 家族二代继承人的经营表现: 基于性别差异的考察 [J]. 管理评论, 2023, 35 (2): 237 - 251, 267.

[26] 罗进辉, 彭晨宸, 刘玥. 代际传承与家族企业多元化经营 [J]. 南开管理评论, 2022, 25 (5): 96 - 106.

[27] 尚航标, 杨楚唯, 李卫宁, 等. 女承父业对组合创业的影响: 基于我国家族企业上市公司数据的证据 [J]. 科学学与科学技术管理, 2022, 43 (5): 142 - 160.

[28] 宋丽红, 李新春. 短时逐利还是长期投资——家族所有权与传承意愿的交互作用检验 [J]. 中山大学学报 (社会科学版), 2013, 52 (2): 169 - 179.

[29] 苏启林, 欧晓明. 家族企业国际化动因与特征分析——以华人家族企业为例 [J]. 外国经济与管理, 2003, 26 (9): 43 - 47.

[30] 孙秀峰, 王雪梅, 宋泉昆. 家族企业代际传承影响企业经营绩效的路径——基于跨代转型创业与继承人社会资本的视角 [J]. 经济理论与经济管理, 2019 (4): 98 - 112.

[31] 万希. 我国家族企业接班人模式的比较和分析 [J]. 经济经纬, 2007 (1): 116 - 118.

[32] 汪祥耀, 金一禾, 毕祎. 家族企业代际传承推动还是抑制了创新 [J]. 商业经济与管理, 2016, 302 (12): 73 - 82.

[33] 王扬眉, 梁果, 王海波. 家族企业继承人创业图式生成与迭代——基于烙印理论的多案例研究 [J]. 管理世界, 2021, 37 (4): 198 - 216.

[34] 王扬眉, 吴琪, 罗景涛. 家族企业跨国创业成长过程研究——

资源拼凑视角的纵向单案例研究 [J]. 外国经济与管理, 2019, 41 (6): 105 - 125.

[35] 王扬眉, 叶仕峰. 家族性资源战略传承: 从适应性到选择性组合创业 [J]. 南方经济, 2018 (10): 49 - 68.

[36] 王益民, 梁枢, 赵志彬. 国际化速度前沿研究述评: 基于全过程视角的理论模型构建 [J]. 外国经济与管理, 2017, 39 (9): 98 - 112.

[37] 王增涛, 薛丽玲. 家族涉入、社会情感财富与中国家族企业国际化——基于289家上市家族企业数据的实证研究 [J]. 国际商务 (对外经济贸易大学学报), 2018 (2): 143 - 156.

[38] 温忠麟, 叶宝娟. 中介效应分析: 方法和模型发展 [J]. 心理科学进展, 2014, 22 (5): 731 - 745.

[39] 吴炯, 梁亚. 合法性调节下接班人权力对家族企业战略变革的影响 [J]. 管理学报, 2017, 14 (11): 1672 - 1680.

[40] 吴思锐, 龚光明. 代际传承进程与商业信用融资——基于中国家族上市公司的研究 [J]. 管理评论, 2021, 33 (7): 261 - 273.

[41] 徐炜, 马树元, 王赐之. 家族涉入、国有股权与中国家族企业国际化 [J]. 经济管理, 2020 (10): 102 - 119.

[42] 徐晓望. 论中国历史上内陆文化和海洋文化的交征 [J]. 东南文化, 1988 (Z1): 1 - 6.

[43] 严若森, 杜帅. 代际传承对家族企业创新投资的影响——社会情感财富理论视角 [J]. 科技进步与对策, 2018, 35 (8): 84 - 91.

[44] 严若森, 吴梦茜, 李浩, 等. 传承者特征调节作用下代际传承阶段对家族企业创新投入的影响研究 [J]. 管理学报, 2021, 18 (11): 1659 - 1670.

[45] 严若森, 赵亚莉. CEO类型与家族企业双元创新——基于中国上市家族企业的经验证据 [J]. 研究与发展管理, 2022, 34 (6): 131 - 144.

[46] 严若森, 赵亚莉. 二代涉入与家族企业投资效率 [J]. 中南财

经政法大学学报，2022（2）：3－15.

［47］杨建锋，孟晓斌，王重鸣．家族企业特征对其国际化进程的影响——基于组织学习视角的探讨［J］．外国经济与管理，2008，30（4）：39－46.

［48］杨学儒，檀宏斌，费菲．家族企业的国际化创业：家族控制的两难困境［J］．现代管理科学，2008（9）：60－61.

［49］杨玉秀．家族企业代际传承中的家族社会资本［J］．当代经济管理，2014，36（8）：23－29.

［50］杨志强，王毅婕．家族涉入与企业国际化：政治关联和机构投资者的调节作用［J］．金融与经济，2018（12）：65－71.

［51］袁建国，后青松，程晨．企业政治资源的诅咒效应——基于政治关联与企业技术创新的考察［J］．管理世界，2015（1）：139－155.

［52］张晓辉，周蔚．国际竞争环境变化与我国家族企业国际化选择［J］．改革与战略，2006（9）：99－101.

［53］赵晶，孟维烜．继承人社会资本对代际传承中企业创新的影响［J］．中国人民大学学报，2016（3）：91－105.

［54］赵晶，张书博，祝丽敏．传承人合法性对家族企业战略变革的影响［J］．中国工业经济，2015（8）：130－144.

［55］赵鹏举，刘力钢．中国家族企业二代亲缘关系对企业战略变革影响研究［J］．东北大学学报（社会科学版），2023，25（2）：53－62.

［56］赵勇，李新春．家族企业传承期抑制了研发投入吗？——基于家族企业多重目标的调节效应［J］．研究与发展管理，2018，30（5）：81－91.

［57］赵子东，林建浩．海洋文化与企业创新——基于东南沿海三大商帮的实证研究［J］．经济研究，2019（2）：68－83.

［58］郑文全，邸昂，刘赫弓．家族所有权控制与企业国际化——基于职业经理人和市场化程度的调节效应研究［J］．财经问题研究，2022（2）：122－129.

［59］中国民（私）营经济研究会家族企业研究课题组．中国家族企业发展报告［M］．北京：中信出版社，2011．

［60］周立新．家族企业国际化与企业绩效——家族传承意愿与政治关系的调节效应［J］．管理评论，2019，31（9）：159－168．

［61］周立新．家族所有权与家族企业国际化——基于中国东西部家族企业的实证［J］．软科学，2022，36（4）：96－102．

［62］周立新．社会情感财富与家族企业国际化：环境动态性的调节效应研究［J］．商业经济与管理，2016（4）：5－14．

［63］朱春飞．代际传承与发展：浙商家族企业国际化的实证研究［J］．知识经济，2018（11）：48－49．

［64］祝振铎，李新春，叶文平．"扶上马、送一程"：家族企业代际传承中的战略变革与父爱主义［J］．管理世界，2018，34（11）：65－79．

［65］祝振铎，李新春，赵勇．父子共治与创新决策——中国家族企业普遍采取代际传承的交接班模式［J］．管理世界，2021，37（9）：191－233．

［66］邹立凯，梁强，王博．基于权威转换视角的家族企业二代子女继任方式研究［J］．管理学报，2019，16（12）：1771－1780，1789．

［67］Alayo M，Maseda A，Iturralde T，et al. Internationalization and entrepreneurial orientation of family SMEs：The influence of the family character［J］．International Business Review，2019，28（1）：48－59．

［68］Alcorn P B. Success and Survival in the Family-owned Business［M］．New York：McGraw Hill，1982．

［69］Aldrich H E，Cliff J E. The pervasive effects of family on entrepreneurship：Toward a family embeddedness perspective［J］．Journal of Business Venturing，2003，18（5）：573－596．

［70］Arregle J L，Duran P，Hitt M A，et al. Why is family firms' internationalization unique？A meta-analysis［J］．Entrepreneurship Theory and Practice，2017，41（5）：801－831．

［71］ Barach J A, Ganitsky J B. Successful succession in family business ［J］. Family Business Review, 1995, 8 (2): 131 - 155.

［72］ Baron R M, Kenny D A. The moderator-mediator variable distinction in social psychological research: Conceptual, strategic, and statistical considerations ［J］. Journal of Personality and Social Psychology, 1986, 21 (2): 1173 - 1182.

［73］ Bennedsen M, Fan J P, Jian M, et al. The family business map: Framework, selective survey, and evidence from Chinese family firm succession ［J］. Journal of Corporate Finance, 2015, 33 (8): 212 - 226.

［74］ Bennedsen M, Nielsen K, Perez-Gonzalez F, et al. Inside the family firm: The role of families in succession decisions and performance ［J］. The Quarterly Journal of Economics, 2007, 122 (2): 647 - 691.

［75］ Berrone P, Cruz C, Gomez-Mejia L R. Socioemotional wealth in family firms: Theoretical dimensions, assessment approaches and agenda for future research ［J］. Family Business Review, 2012, 25 (3): 298 - 317.

［76］ Bertrand M, Schoar A. The role of family in family firms ［J］. Journal of Economic Perspectives, 2006, 20 (2): 73 - 96.

［77］ Björnberg A, Nicholson N. The family climate scales—development of a new measure for use in family business research ［J］. Family Business Review, 2007, 20 (3): 229 - 246.

［78］ Boermans M A, Roelfsema H. The effects of internationalization on innovation: Firm-level evidence for transition economies ［J］. Open Economies Review, 2015, 26 (2): 333 - 350.

［79］ Brydon K, Dana L P. Globalisation and firm structure: Comparing a family-business and a corporate block holder in the New Zealand seafood industry ［J］. International Journal of Globalisation and Small Business, 2011, 4 (2): 206 - 220.

［80］ Cabrera-Suárez M K, De Saá – Pérez P, García-Almeida D J. The succession process from a resource-and knowledge-based view of the firm [J]. Family Business Review, 2001, 14 (1): 37 – 47.

[81] Calabrò A, Brogi M, Torchia M. What does really matter in the internationalization of small and medium-sized family businesses? [J]. Journal of Small Business Management, 2016, 54 (2): 679 – 696.

[82] Carney M, Zhao J, Zhu L. Lean innovation: Family firm succession and patenting strategy in a dynamic institution all and scape [J]. Journal of Family Business Strategy, 2019, 10 (4): 100247.

[83] Carr C, Bateman S. International strategy configurations of the world's top family firms [J]. Management International Review, 2009, 49 (6): 733 – 758.

[84] Casillas J C, Moreno A M, Acedo F J. Internationalization of family businesses: A theoretical model based on international entrepreneurship perspective [J]. Global Management Journal, 2010, 2 (2): 18 – 35.

[85] Casillas J C, Moreno A M, Acedo F J, et al. An integrative model of the role of knowledge in the internationalization process [J]. Journal of World Business, 2009, 44 (3): 311 – 322.

[86] Cerrato D, Piva M. The internationalization of small and medium-sized enterprises: The effect of family management, human capital and foreign ownership [J]. Journal of Management and Governance, 2012, 16 (4): 617 – 644.

[87] Cesinger B, Hughes M, Mensching H, et al. A socioemotional wealth perspective on how collaboration intensity, trust, and international market knowledge affect family firms' multi nationality [J]. Journal of World Business, 2016, 51 (4): 586 – 599.

[88] Chen X, Wu J. Do differential guanxi types affect capability building differently? A contingency view [J]. Industrial Marketing Management, 2011, 40 (4): 581 – 592.

［89］ Chrisman J J, Patel P C. Variations in R&D investments of family and nonfamily firms: Behavioural agency and myopic loss aversion perspectives ［J］. Academy of Management Journal, 2012, 55 (4): 976 – 997.

［90］ Claver E, Rienda L, Quer D. Family firms risk perception: Empirical evidence on the internationalization process ［J］. Journal of Small Business and Enterprise Development, 2008, 15 (3): 457 – 471.

［91］ Coviello N, Kano L, Liesch P W. Adapting the Uppsala model to a modern world: Macro-context and micro foundations ［J］. Journal of International Business Studies, 2017, 48 (9): 1151 – 1164.

［92］ Cristiano E. Internationalisation and corporate governance in family businesses: A case study ［J］. International Journal of Business Performance Management, 2018, 19 (1): 75 – 86.

［93］ Croson R, Gneezy U. Gender differences in preferences ［J］. Journal of Economic Literature, 2009, 47 (2): 448 – 474.

［94］ Cucculelli M, Le Breton-Miller I, Miller D. Product innovation, firm renewal and family governance ［J］. Journal of Family Business Strategy, 2016, 7 (2): 90 – 104.

［95］ Cucculelli M, Micucci G. Family succession and firm performance: Evidence from Italian family firms ［J］. Journal of Corporate Finance, 2008, 14 (1): 17 – 31.

［96］ Davis P S, Harveston P D. Internationalization and organizational growth: The impact of internet usage and technology involvement among entrepreneur-led family businesses ［J］. Family Business Review, 2000, 13 (2): 107 – 120.

［97］ De Massis A, Frattini F, Majocchi A, et al. Family firms in the global economy: Toward a deeper understanding of internationalization determinants, processes, and outcomes ［J］. Global Strategy Journal, 2018, 8 (1): 3 – 21.

［98］ De Massis A, Kotlar J, Chua J H, et al. Ability and willingness as sufficiency conditions for family oriented particularistic behavior: Implications for theory and empirical studies ［J］. Journal of Small Business Management, 2014, 52 (2): 344 – 364.

［99］ Deng Z L, Jean R J B, Sinkovics R R. Rapid expansion of international new ventures across institutional distance ［J］. Journal of International Business Studies, 2018, 49 (8): 1010 – 1023.

［100］ Dou J, Jacoby G, Li J, et al. Family involvement and family firm internationalization: The moderating effects of board experience and geographical distance ［J］. Journal of International Financial Markets, Institutions and Money, 2019 (59): 250 – 261.

［101］ Dou J, Zhang Z, Su E. Does family involvement make firms donate more? Empirical evidence from Chinese private firms ［J］. Family Business Review, 2014, 27 (3): 259 – 274.

［102］ Eisenhardt K M. Building theories from case study research ［J］. Academy of Management Review, 1989, 14 (4): 532 – 550.

［103］ Estrin S, Baghdasaryan D, Meyer K E. The impact of institutional and human resource distance on international entry strategies ［J］. Journal of Management Studies, 2009, 46 (7): 1171 – 1196.

［104］ Faccio M, Marchica M T, Mura R. CEO gender, corporate risk-taking, and the efficiency of capital allocation ［J］. Journal of Corporate Finance, 2016 (39): 193 – 209.

［105］ Fan J P, Wong, T J, Zhang T. Founder succession and accounting properties ［J］. Contemporary Accounting Research, 2012, 29 (1): 283 – 311.

［106］ Fang H, Kotlar J, Memili E, et al. The pursuit of international opportunities in family firms: Generational differences and the role of knowledge-based resources ［J］. Global Strategy Journal, 2018, 8 (1): 136 – 157.

[107] Fernández Z, Nieto M J. Internationalization strategy of small and medium-sized family business: Some influential factors [J]. Family Business Review, 2005, 18 (1): 77 – 89.

[108] Gallo M A, Pont C G. Important factors in family business internationalization [J]. Family Business Review, 1996, 9 (1): 45 – 59.

[109] Gallo M A, Sveen J. Internationalizing the family business: Facilitating and restraining factors [J]. Family Business Review, 1991, 4 (2): 181 – 190.

[110] Giannetti M, Liao G, Yu X. The brain gain of corporate boards: Evidence from China [J]. Journal of Finance, 2015, 70 (4): 1629 – 1682.

[111] Gómez-Mejía L R, Haynes K T, Nuñez-Nickel M, et al. Socioemotional wealth and business risks in family-controlled firms: Evidence from Spanish olive oil mills [J]. Administrative Science Quarterly, 2007, 52 (1): 106 – 137.

[112] Gómez-Mejía L R, Makri M, Kintana M L. Diversification decisions in family-controlled firms [J]. Journal of Management Studies, 2010, 47 (2): 223 – 252.

[113] Graves C, Shi H X, Barbera F. Family-centred non-economic goals and the internationalisation of family firms: Evidence from Australia [J]. International Business Review, 2022 (31): 101974.

[114] Graves C, Thomas J. Determinants of the internationalization pathways of family firms: An examination of family influence [J]. Family Business Review, 2008, 21 (2): 151 – 167.

[115] Graves C, Thomas J. Internationalization of Australian family businesses: A managerial capabilities perspective [J]. Family Business Review, 2006, 19 (3): 207 – 224.

[116] Handler W C. Succession in family business: A review of the research [J]. Family Business Review, 1994, 7 (2): 133 – 157.

[117] Harvey J H. What can the family contribute to business examining contractual relationship [J]. Family Business Review, 1999, 12 (1): 612 – 621.

[118] Kafouros M I, Buckley P J, Clegg J. The effects of global knowledge reservoirs on the productivity of multinational enterprises: The role of international depth and breadth [J]. Research Policy, 2012, 41 (5): 848 – 861.

[119] Kelly L, Athanassiou N, Crittenden W. Founder centrality and strategic behavior in the family-owned firm [J]. Entrepreneurship Theory and Practice, 2000, 25 (2): 27 – 42.

[120] Kohli A K, Jaworski B J. Market orientation: The construct, research propositions, and managerial implications [J]. Journal of Marketing, 1990, 54 (2): 1 – 18.

[121] Li F G, Ding D. The dual effects of home country institutions on the internationalization of private firms in emerging markets: Evidence from China [J]. Multinational Business Review, 2017, 25 (2): 128 – 149.

[122] Li H, Liu P W, Zhang J, et al. Economic returns to communist party membership: Evidence from urban Chinese Twins [J]. The Economic Journal, 2007, 117 (523): 1504 – 1520.

[123] Li X, Low A, Makhija A K. Career concerns and the busy life of the young CEO [J]. Journal of Corporate Finance, 2017 (47): 88 – 109.

[124] Liang X Y, Wang L H, Cui Z Y. Chinese private firms and internationalization: Family involvement in management and family ownership [J]. Family Business Review, 2014, 27 (2): 126 – 141.

[125] Lin W T, Liu Y. Successor characteristics, organisational slack and change in the degree of firm internationalisation [J]. International Business Review, 2012, 21 (1): 89 – 101.

[126] Liu Y, Maula M. Local partnering in foreign ventures: Uncertainty, experiential learning, and syndication in cross-border venture capital invest-

ments [J]. Academy of Management Journal, 2016, 59 (4): 1407 – 1429.

[127] Lu J W, Beamish P W. The internationalisation and performance of SMEs [J]. Strategic Management Journal, 2001, 22 (6 – 7): 565 – 586.

[128] Mariotti S, Marzano R, Piscitello L. The role of family firms' generational heterogeneity in the entry mode choice in foreign markets [J]. Journal of Business Research, 2021 (132): 800 – 812.

[129] Mehrotra V, Morck R, Shim J, et al. Adoptive expectations: Rising sons in Japanese family firms [J]. Journal of Finance Economics, 2013 (108): 840 – 854.

[130] Menendez-Requejo S. Growth and internationalisation of family businesses [J]. International Journal of Globalisation and Small Business, 2005, 1 (2): 122 – 133.

[131] Meneses R, Coutinho R, Carlos Pinho J. The impact of succession on family business internationalization: The successors' perspective [J]. Journal of Family Business Management, 2014, 4 (1): 24 – 45.

[132] Merino F, Monreal-Perez J, Sánchez-Marín G. Family SMEs' internationalization: Disentangling the influence of familiness on Spanish firms' export activity [J]. Journal of Small Business Management, 2015, 53 (4): 1164 – 1184.

[133] Miller D, Le Breton-Miller I. Deconstructing socioemotional wealth [J]. Entrepreneurship Theory and Practice, 2014, 38 (4): 713 – 720.

[134] Miller D, Steier L, Le Breton-Miller I. Lost in time: Intergenerational succession, change, and failure in family business [J]. Journal of Business Venture, 2003, 18 (4): 513 – 531.

[135] Muñoz-Bullon F, Sanchez-Bueno M J, Suárez-González I. Diversification decisions among family firms: The role of family involvement and generational stage [J]. BRQ Business Research Quarterly, 2018, 21 (1): 39 – 52.

[136] Nahapiet J, Ghoshal S. Social capital, intellectual capital, and the organizational advantage [J]. Academy of Management Review, 1998, 23 (2): 242 – 266.

[137] Naldi L, Cennamo C, Gómez-Mejía L R. Preserving socioemotional wealth in family firms: Assets or liability: The moderating role of business context [J]. Entrepreneurship Theory and Practice, 2013, 37 (6): 1341 – 1360.

[138] Nenadic S. The small family firm in Victorian Britain [J]. Business History, 1993, 35 (4): 86 – 115.

[139] North D C. Institutions, Institutional Change and Economic Performance [M]. New York: Cambridge University Press, 1990.

[140] Okoroafo S C. Internationalization of family businesses: Evidence from northwest Ohio, U. S. A [J]. Family Business Review, 1999, 12 (2): 147 – 158.

[141] Okoroafo S C, Koh A C. Family businesses' views on internationalization: Do they differ by generation? [J]. International Business Research, 2010, 3 (1): 22 – 28.

[142] Osnes G. Succession and authority: A case study of an African family business and a clan chief [J]. International Journal of Cross Cultural Management, 2011, 11 (2): 185 – 201.

[143] Pongelli C, Caroli M G, Cucculelli M. Family business going abroad: The effect of family ownership on foreign market entry decisions [J]. Small Business Economics, 2016, 47 (3): 787 – 801.

[144] Pukall T J, Calabrò A. The internationalization of family firms: A critical review and integrative model [J]. Family Business Review, 2014, 27 (2): 103 – 125.

[145] Ray S, Mondal A, Ramachandran K. How does family involvement affect a firm's internationalization? An investigation of Indian family firms [J].

Global Strategy Journal, 2018, 8 (1): 73 – 105.

[146] Salvato C. Predictors of entrepreneurship in family firms [J]. Journal of Private Equity, 2004, 7 (3): 68 – 76.

[147] Sciascia S, Mazzola P, Astrachan J H, et al. The role of family ownership in international entrepreneurship: Exploring nonlinear effects [J]. Small Business Economics, 2012, 38 (1): 15 – 31.

[148] Scott W R. Institutions & Organizations [M]. 2nd edition. Thousand Oaks, CA: Sage, 2001.

[149] Shamsuddoha A K, Ali M Y. Mediated effects of export promotion programs on firm export performance [J]. Asia Pacific Journal of Marketing and Logistics, 2006, 18 (2): 93 – 110.

[150] Sharma P. Commentary: Familiness: Capital stocks and flows between family and business [J]. Entrepreneurship Theory and Practice, 2008, 32 (6): 971 – 977.

[151] Shi H X, Graves C, Barbera F. Intergenerational succession and internationalisation strategy of family SMEs: Evidence from China [J]. Long Range Planning, 2019, 52 (4): 1 – 18.

[152] Sieger P, Zellweger T, Aquino K. Turning agents into psychological principals: Aligning interests of non-owners through psychological ownership [J]. Journal of Management Studies, 2013, 50 (3): 361 – 388.

[153] Stieg P, Hiebl M R, Kraus S, et al. Born-again globals: Generational change and family business internationalization [J]. European Journal of International Management, 2017, 11 (5): 581 – 605.

[154] Tongli L, Ping E J, Chiu W K C. International diversification and performance: Evidence from Singapore [J]. Asia Pacific Journal of Management, 2005, 22 (1): 65 – 88.

[155] Tsao S M, Lien W H. Family management and internationalization: The impact on firm performance and innovation [J]. Management International

Review, 2013, 53 (2): 189 –213.

[156] Vahlne J E, Johanson J. From internationalization to evolution: The Uppsala model at 40 years [J]. Journal of International Business Studies, 2017, 48 (9): 1087 –1102.

[157] Wagner H. Internationalization speed and cost efficiency: Evidence from Germany [J]. International Business Review, 2004, 13 (4): 447 – 463.

[158] Weng T C, Chi H Y. Family succession and business diversification: Evidence from China [J]. Pacific-Basin Finance Journal, 2019 (53): 56 –81.

[159] Westhead P, Wright M, Ucbasaran D. The internationalization of new and small firms: Aresource-based view [J]. Journal of Business Venture, 2001, 16 (4): 333 –358.

[160] Wiersema M F. Strategic consequences of executive succession within diversified firms [J]. Journal of Management Studies, 1992, 29 (1): 73 –94.

[161] Xu N, Yuan Q, Jiang X, et al. Founder's political connections, second generation involvement, and family firm performance: Evidence from China [J]. Journal of Corporate Finance, 2015 (33): 243 –259.

[162] Yadav M S, Prabhu J C, Chandy R K. Managing the future: CEO attention and innovation outcomes [J]. Journal of Marketing, 2007, 71 (4): 84 –101.

[163] Yao R, Sharpe D L, Wang F. Decomposing the age effect on risk tolerance [J]. The Journal of Socio-Economics, 2011, 40 (6): 879 –887.

[164] Zahra S A. International expansion of US manufacturing family business: The effect of ownership and involvement [J]. Journal of Business Venturing, 2003, 18 (4): 495 –512.

[165] Zahra A S, Garvis D. International corporate entrepreneurship and

firm performance: The moderating effect of international environmental hostility [J]. Journal of Business Venturing, 2000, 69 (15): 469 –492.

[166] Zahra S A, Hayton J C, Salvato C. Entrepreneurship in family vs. non-family firms: A resource-based analysis of the effect of organizational culture [J]. Entrepreneurship Theory and Practice, 2004, 28 (4): 363 – 381.

[167] Zellwege T M F, Kellermanns F W, Chrisman J J, et al. Family control and family firm valuation by family CEOs: The importance of intentions for transgenerational control [J]. Organization Science, 2012, 23 (3): 851 – 868.

[168] Zhao J, Carney M, Zhang S, et al. How does an intra-family succession effect strategic change and performance in China's family firms? [J]. Asia Pacific Journal of Management, 2020, 37 (2): 363 –389.